RÉPUBLIQUE FRANÇAISE

MINISTÈRE DU COMMERCE, DE L'INDUSTRIE
DES POSTES ET DES TÉLÉGRAPHES

EXPOSITION UNIVERSELLE INTERNATIONALE DE 1900
À PARIS

ACTES ORGANIQUES

PARIS

IMPRIMERIE NATIONALE

AOÛT 1895

RÉPUBLIQUE FRANÇAISE

MINISTÈRE DU COMMERCE, DE L'INDUSTRIE
DES POSTES ET DES TÉLÉGRAPHES

EXPOSITION UNIVERSELLE INTERNATIONALE DE 1900
À PARIS

ACTES ORGANIQUES

PARIS

IMPRIMERIE NATIONALE

AOÛT 1895

Ministre du commerce, de l'industrie, des postes et des télégraphes :

M. André LEBON, membre de la Chambre des Députés.

PERSONNEL SUPÉRIEUR

DE L'EXPOSITION UNIVERSELLE DE 1900.

Commissaire général de l'Exposition : M. Alfred PICARD, président de section au Conseil d'État.

Directeur général de l'exploitation : M. Delaunay-Belleville, président de la Chambre de commerce de Paris.

Directeur général adjoint de l'exploitation : M. Stéphane Derville, président du Tribunal de commerce de la Seine.

Directeur des services d'architecture : M. Bouvard, inspecteur général des services d'architecture de la ville de Paris.

Directeur des services de la voirie, des parcs et jardins, des eaux, des égouts et de l'éclairage : M. Huet, inspecteur général des ponts et chaussées, directeur administratif des travaux de la ville de Paris.

Directeur des finances : M. Grison.

Secrétaire général : M. Henri Chardon, auditeur de 1re classe au Conseil d'État.

Délégué à la section des beaux-arts : M. Roujon, directeur des Beaux-Arts.

Délégué à la section de l'agriculture : M. Tisserand, conseiller d'État, directeur de l'Agriculture.

Délégué à la section des colonies et pays de protectorat : M. Dislère, conseiller d'État.

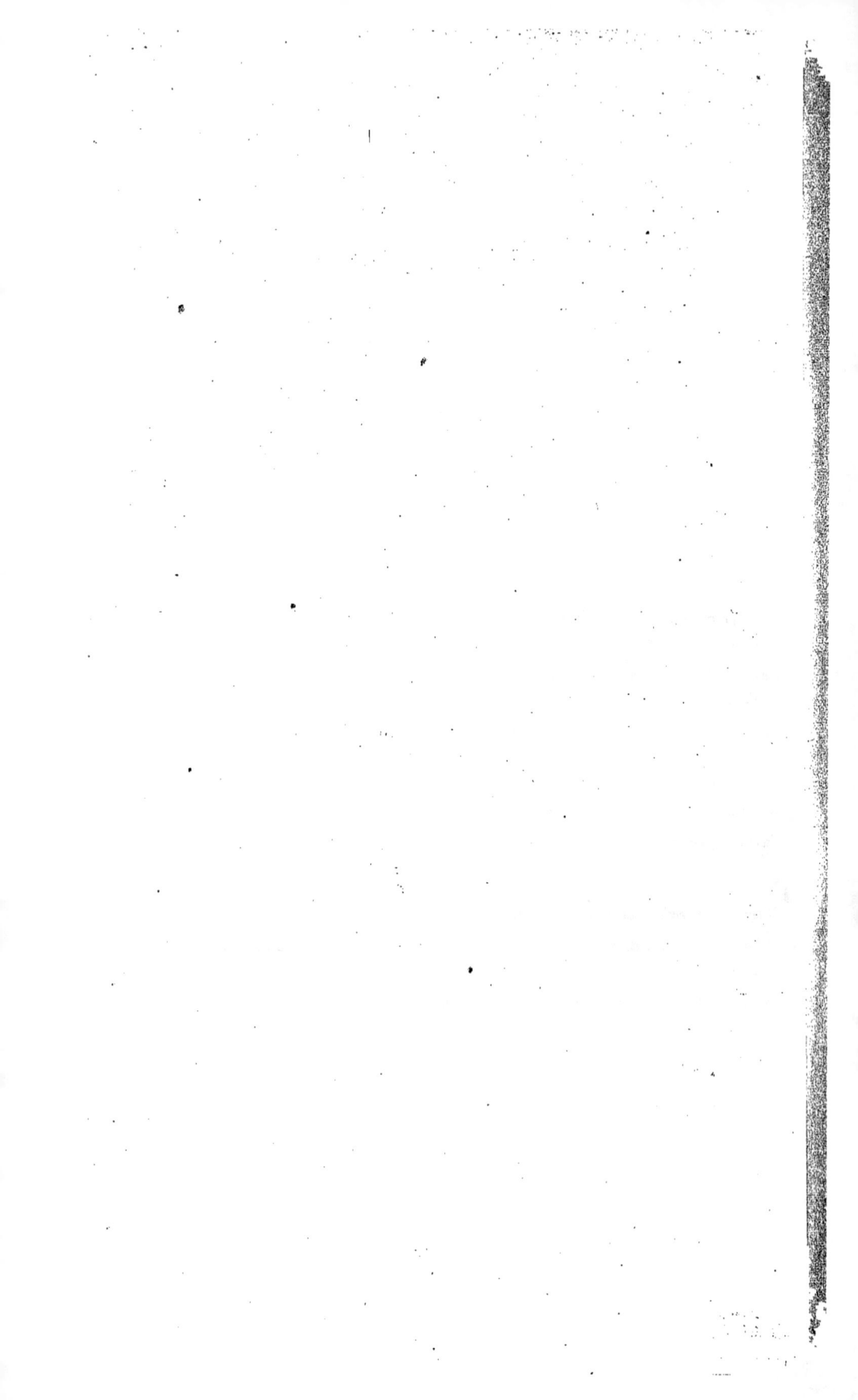

I

DÉCRET

INSTITUANT L'EXPOSITION UNIVERSELLE DE 1900

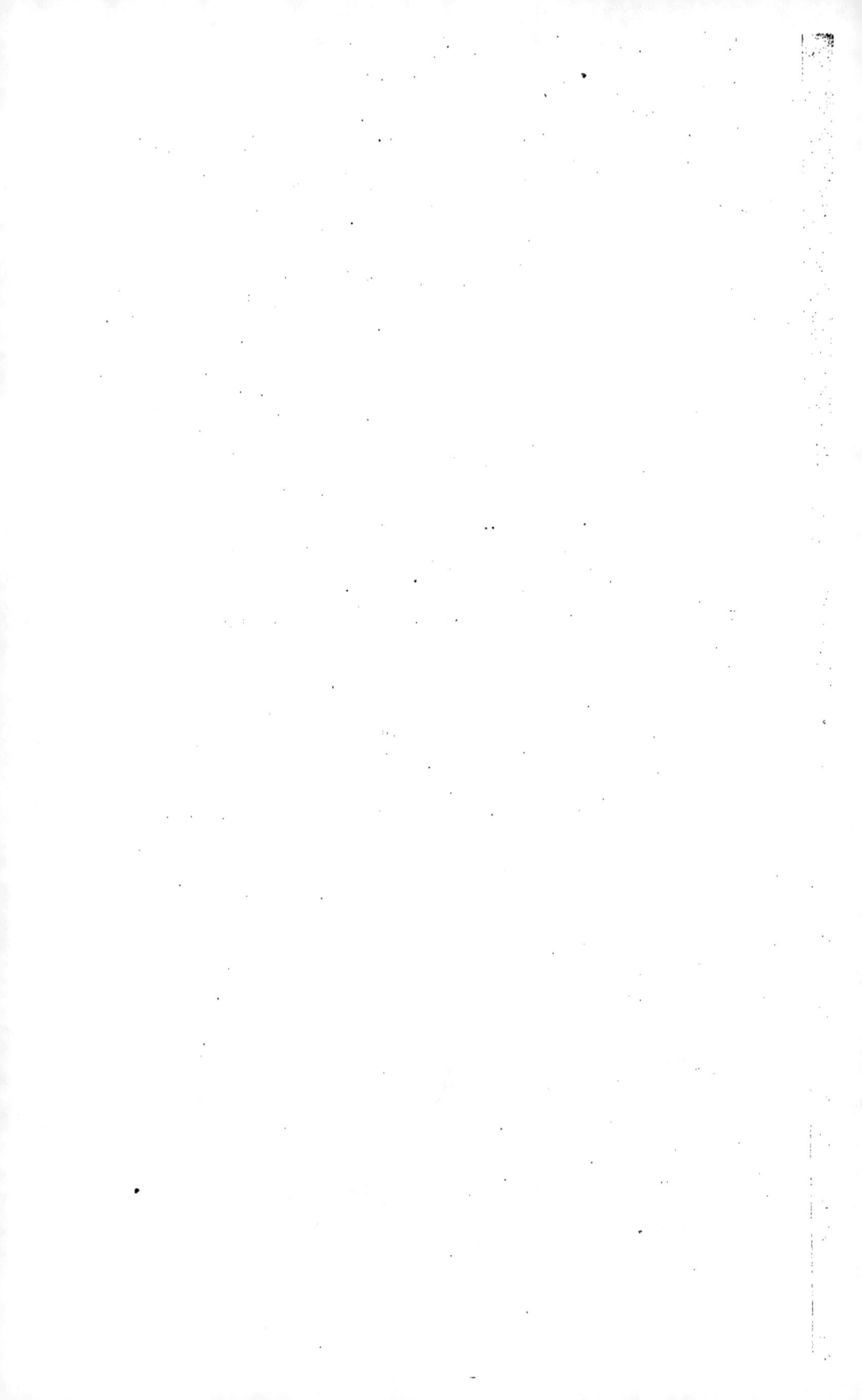

DÉCRET

INSTITUANT L'EXPOSITION UNIVERSELLE DE 1900.

———⊷∘⊶———

1. Rapport du Ministre du commerce et de l'industrie au Président de la République.

Monsieur le Président,

A l'heure même où l'Exposition universelle de 1889 fermait ses portes en pleine apothéose, exposants et visiteurs se donnaient instinctivement rendez-vous à Paris pour l'année 1900.

Encore sous l'impression du spectacle imposant dont ils venaient d'être les acteurs ou les témoins, ils se demandaient déjà par quelles merveilles le génie de la France et de ses hôtes pourrait, sinon faire oublier l'éclat des grandes assises du Centenaire, du moins inaugurer dignement le xxᵉ siècle et marquer ainsi la nouvelle étape franchie dans la marche en avant de la civilisation contemporaine.

Trois ans à peine se sont écoulés depuis cette période brillante pendant laquelle la France, consciente de sa grandeur, sûre d'elle-même, déployait, au milieu de ceux des autres nations, les trésors de sa production artistique, industrielle et agricole.

Cependant l'opinion publique demande au Gouvernement de fixer dès aujourd'hui la date des fêtes pacifiques auxquelles seront conviés tous les producteurs, tous les travailleurs du monde. Le sentiment qui se dessinait aux derniers jours de 1889 a pris corps, il s'affirme pressant et irrésistible, il demande que l'intervalle qui depuis quarante ans a séparé nos Expositions universelles de 1855, 1867, 1878, 1889 ne soit pas dépassé. Le Gouvernement ne pouvait manquer de s'associer à ce vœu unanime, conforme à la tradition constamment suivie; il n'a pas cessé de se préoccuper des dispositions préliminaires à prendre et il croit le moment venu de sortir de la période purement préparatoire pour entrer dans celle de l'exécution. L'œuvre à accomplir pour la prochaine Exposition exigera en effet des efforts prolongés et soutenus.

Les progrès réalisés, ceux qui s'achèvent sous nos yeux, permettent d'entrevoir un spectacle dépassant encore par sa splendeur celui qu'il nous a été donné d'admirer. Quelle qu'ait été la magnificence des expositions précédentes, elles sont inévitablement éclipsées par les expositions nouvelles qui jalonnent la voie ouverte à l'humanité et résument ses conquêtes successives.

C'est ce qui fait le succès de ces fêtes périodiques du travail, c'est la cause principale du puissant attrait qu'elles exercent sur les masses. Les expositions ne sont pas seulement des jours de repos et de joie dans le labeur des peuples; elles apparaissent de loin en loin comme des sommets d'où nous mesurons le chemin parcouru. L'homme en sort réconforté, plein de vaillance et animé d'une foi profonde dans l'avenir. Cette foi, apanage exclusif de quelques nobles esprits au siècle dernier, se répand aujourd'hui de plus en plus; elle est la religion générale des temps modernes, culte fécond où les expositions universelles prennent place comme de majestueuses et utiles solennités, comme les manifestations nécessaires de l'existence d'une nation laborieuse animée d'un irrésistible besoin d'expansion, comme des entreprises se recommandant moins par les bénéfices matériels de tout ordre qui en sont la conséquence que par l'impulsion vigoureuse donnée à l'esprit humain.

La périodicité admise jusqu'ici ramène nécessairement la prochaine Exposition universelle de Paris à la date qui semblait, dès 1889, devoir s'imposer aux pouvoirs publics, à l'année 1900. Ce sera la fin d'un siècle de prodigieux essor scientifique et économique; ce sera aussi le seuil d'une ère dont les savants et les philosophes prophétisent la grandeur et dont les réalités dépasseront sans doute les rêves de nos imaginations.

Je n'ai pas besoin d'insister auprès de vous, Monsieur le Président, sur l'intérêt que peut présenter une exposition universelle à cette date. Malgré l'habileté et la science avec lesquelles elles ont été organisées, les revues rétrospectives de 1889 laissent un large champ aux études du même genre que l'on voudrait reprendre en 1900. Dans le domaine des beaux-arts, par exemple, il sera facile de dégager les caractères principaux du mouvement artistique qui se poursuit à l'heure actuelle et d'opposer, en quelques œuvres essentielles, l'art de la seconde moitié du siècle à l'art romantique ainsi qu'à l'art classique. Dans le domaine de la science, de l'industrie, de l'agriculture, le rapprochement entre les procédés, les méthodes et les produits, à l'origine et au terme de la période centennale, fournira les renseignements les plus précieux et éveillera en même temps l'attraction la plus puissante. Toutes les branches de l'activité humaine tireront un égal profit de ce bilan d'où se dégageront les conditions matérielles et morales de la vie contemporaine.

L'Exposition de 1900 constituera la synthèse, déterminera la philosophie du XIXᵉ siècle.

Il vous paraîtra sans doute, Monsieur le Président, ainsi qu'à moi, nécessaire de préparer dès maintenant cette œuvre grandiose et d'annoncer officiellement aux artistes, aux savants, aux industriels, aux agriculteurs que la prochaine Exposition universelle instituée par la France aura lieu en 1900. D'ailleurs, le succès même de l'Exposition précédente, la conservation des palais du Champ de Mars et l'expérience des difficultés extrêmes qu'il a fallu surmonter pour achever, en 1889, l'œuvre commencée dès 1884 rendent indispensable une longue période d'études et de travaux pour permettre à la France de clore par un triomphe pacifique le siècle qu'elle a inauguré en organisant les premières expositions nationales.

Si vous voulez bien donner à ma proposition votre haute approbation, j'ai l'honneur, Monsieur le Président, de vous prier de vouloir bien revêtir de votre signature le projet de décret ci-joint.

Veuillez agréer, Monsieur le Président, l'hommage de mon profond respect.

Le Ministre du Commerce et de l'Industrie,

Jules ROCHE.

---

2. Décret du 13 juillet 1892 instituant l'Exposition universelle de 1900.

Le Président de la République française,

Sur le rapport du Ministre du commerce et de l'industrie,

Décrète :

Art. 1ᵉʳ. Une exposition universelle des œuvres d'art et des produits industriels ou agricoles s'ouvrira à Paris le 5 mai 1900 [1] et sera close le 31 octobre suivant [1].

[1] Ces deux dates ont été respectivement reportées au 15 avril et au 5 novembre par le décret du 4 août 1894.

Art. 2. Le Ministre du commerce et de l'industrie est chargé de l'exécution du présent décret.

Fait à Paris, le 13 juillet 1892.

CARNOT.

Par le Président de la République :

Le Ministre du Commerce et de l'Industrie,

Jules ROCHE.

II

DÉCRET

PORTANT ORGANISATION DES SERVICES

DE L'EXPOSITION UNIVERSELLE DE 1900

DÉCRET

PORTANT ORGANISATION DES SERVICES

DE L'EXPOSITION UNIVERSELLE DE 1900.

1. **Rapport du Ministre du commerce, de l'industrie et des colonies au Président de la République.**

Monsieur le Président,

Un décret du 13 juillet 1892 a décidé l'ouverture à Paris, en 1900, d'une Exposition universelle des œuvres d'art et des produits industriels.

Peu après, mon honorable prédécesseur, M. Jules Roche, a institué, par arrêté du 5 novembre 1892, une commission préparatoire ayant pour mission d'étudier les moyens propres à réaliser la future Exposition.

Cette commission sera sans doute bientôt en mesure de se prononcer sur les questions qui lui ont été soumises, c'est-à-dire sur le choix de l'emplacement, sur le programme général des constructions et sur le régime financier de l'entreprise.

Malgré le délai qui nous sépare de la fin du siècle, il me paraît utile de fixer dès aujourd'hui, dans ses grandes lignes, l'organisation des services de l'Exposition. En effet, l'importance exceptionnelle de l'œuvre, les difficultés auxquelles peut donner lieu la conservation partielle des monuments du Champ de Mars, les problèmes délicats qui se rattachent aux voies d'accès et de transport, quel que doive être l'emplacement choisi pour nos grandes assises pacifiques de 1900, tout exige une période d'élaboration plus longue que lors des précédentes expositions.

Les dispositions que j'ai l'honneur de soumettre à votre haute approbation sont dictées par l'expérience du passé. Elles reproduisent celles de 1889, sauf quelques changements qui portent en eux-mêmes leur justification.

Comme en 1889, les services seraient placés sous l'autorité du Ministre du commerce, de l'industrie et des colonies. Mais, suivant la tradition pour ainsi dire constante, qui n'a été interrompue qu'une fois, ils auraient à leur tête un commissaire général doté de pouvoirs étendus et d'une large initiative. Sans porter atteinte à l'action essentielle du Ministre, responsable devant le Parlement, l'institution du Commissariat général assurerait plus complètement l'unité de direction et l'esprit de suite indispensables au succès; elle établirait mieux l'harmonie entre les diverses parties d'un organisme éminemment complexe par sa nature même et par les éléments dont il est formé; elle dégagerait le chef d'un département ministériel qui voit son rôle s'élargir incessamment et auquel sont attachés des devoirs incompatibles avec le souci des détails d'une exposition.

La répartition des services diffère peu de celle qui a fait ses preuves en 1889. Il me suffira de signaler la division des travaux en deux groupes distincts correspondant l'un à l'architecture, l'autre à l'art de l'ingénieur. L'homme éminent n'est plus qui, grâce à un savoir, à un talent et à une autorité indiscutables, avait su réunir et diriger l'ensemble des travaux de la dernière Exposition. On peut se demander où seraient les épaules assez robustes pour porter un tel fardeau.

Parallèlement aux services actifs, une commission supérieure, une sorte de grand conseil apporterait au Gouvernement le concours de ses lumières et de ses avis pour les questions importantes qui lui seraient déférées par le Ministre. Cette commission supérieure, très fortement constituée, se recruterait dans les Chambres, le Conseil d'État, le conseil général de la Seine, le conseil municipal de Paris, les académies, la haute administration, les chambres de commerce, les grands établissements de crédit, les corps savants, le haut enseignement professionnel, les entreprises de transport, l'industrie des constructions métalliques. Toutes les compétences, tous les intérêts y seraient puissamment représentés.

Le Ministre ne pourvoirait à la nomination des directeurs et chefs de service que progressivement, au fur et à mesure des besoins. Mais le Commissaire général serait immédiatement désigné. Il pourrait ainsi préparer avec plus de maturité l'œuvre patriotique dont la lourde charge sera remise entre ses mains.

Si vous voulez bien approuver mes propositions, j'ai l'honneur de vous prier, Monsieur le Président, de vouloir bien revêtir de votre signature les deux projets de décrets ci-joints.

Veuillez agréer, Monsieur le Président, l'hommage de mon profond respect.

Le Ministre du Commerce, de l'Industrie et des Colonies,

TERRIER.

2. Décret du 9 septembre 1893 portant organisation des services de l'Exposition universelle de 1900.

(Modifié par divers décrets ultérieurs.)

LE PRÉSIDENT DE LA RÉPUBLIQUE FRANÇAISE,

Sur le rapport du Ministre du commerce, de l'industrie et des colonies;

Vu le décret du 13 juillet 1892 instituant à Paris, en 1900, une Exposition universelle des œuvres d'art et des produits industriels ou agricoles,

DÉCRÈTE:

ART. 1er. Les services de l'Exposition universelle de 1900 sont placés sous l'autorité du Ministre du commerce, de l'industrie et des colonies, et dirigés par un Commissaire général.

Les attributions réservées au Ministre comprennent les rapports avec les Chambres, l'approbation des projets d'ensemble, les mesures d'ordre général, la délégation des crédits au Commissaire général, l'approbation des comptes, la nomination des directeurs et chefs de service.

Le Commissaire général est nommé par décret. Il a la haute direction de tous les services et nomme les agents autres que les directeurs et chefs de service.

ART. 2. Il est institué au Ministère du commerce, de l'industrie et des colonies une commission consultative, dite commission supérieure de l'Exposition.

Cette commission, présidée par le Ministre du commerce, de l'industrie et des colonies, a pour vice-présidents le Ministre de l'instruction publique, des beaux-arts et des cultes, le Ministre de l'agriculture et le Commissaire général.

Elle se compose de . . . . . [1] membres, non compris le bureau, savoir:

Les anciens ministres du commerce depuis l'Exposition universelle de 1878, s'ils ne font déjà partie de la commission à un autre titre [2];

Huit sénateurs;

Seize députés [3];

Le vice-président du Conseil d'État et deux conseillers d'État apparte-

[1] Actuellement 131 — [2] Décret du 24 juillet 1894. — [3] Décret du 18 novembre 1893.

nant à la Section des travaux publics, de l'agriculture, du commerce, de l'industrie et des postes et télégraphes;

Le premier président de la Cour des comptes [1];

Le vice-président de la Commission supérieure des expositions [2];

Les directeurs généraux, les directeurs et le secrétaire général de l'Exposition [3];

Le préfet de la Seine;

Le préfet de police;

Le président du conseil général de la Seine;

Le président du conseil municipal et huit membres de ce conseil;

Le directeur général de l'exploitation de l'Exposition universelle de 1889;

Le directeur général des finances de l'Exposition universelle de 1889;

Deux membres de l'Académie des sciences;

Deux membres de l'Académie des sciences morales et politiques;

Quatre membres de l'Académie des beaux-arts [4];

Le président de la Chambre de commerce de Paris;

Les présidents des Chambres de commerce d'Amiens, de Bordeaux, du Havre, de Lille, de Lyon, de Marseille, de Nancy, de Nantes, de Reims, de Rouen, de Saint-Étienne, de Saint-Quentin et de Toulouse;

Le président du tribunal de commerce de la Seine;

Le gouverneur de la Banque de France;

Le gouverneur du Crédit foncier;

Le président du conseil d'administration du Crédit lyonnais;

Le directeur général des postes et télégraphes;

Le directeur du commerce intérieur;

Le directeur du commerce extérieur;

Le directeur de la prévoyance et de l'assurance sociales;

Le directeur de l'office du travail [4];

Le chef du cabinet du Ministre du commerce, de l'industrie, des postes et des télégraphes;

Le vice-recteur de l'Académie de Paris;

Le directeur des beaux-arts;

Le directeur du secrétariat et de la comptabilité au Ministère de l'instruction publique et des beaux-arts [4];

Le directeur de l'agriculture;

[1] Décret du 30 octobre 1894. — [2] Décret du 20 juin 1894. — [3] Décret du 7 juin 1894. — [4] Décret du 18 novembre 1893.

Le directeur des forêts [1];

Le délégué du Ministre des colonies [1];

Le directeur des affaires commerciales au Ministère des affaires étrangères;

Le directeur des chemins de fer au Ministère des travaux publics;

Le directeur des routes, de la navigation et des mines;

Le directeur des bâtiments civils et des palais nationaux;

Le directeur général de la comptabilité publique;

Le directeur général des douanes;

Le directeur général des contributions directes [1];

Le directeur général des contributions indirectes;

Le chef d'état-major général du Ministre de la guerre;

Le chef d'état-major général du Ministre de la marine;

Le directeur de l'assistance et de l'hygiène publiques au Ministère de l'intérieur [1];

Le directeur de l'administration pénitentiaire au Ministère de l'intérieur [1];

Un autre directeur désigné par le Ministre de l'intérieur;

Un directeur désigné par le Ministre de la justice;

Le vice-président du Conseil général des ponts et chaussées;

Le vice-président du Conseil général des mines;

Le directeur de l'École nationale des ponts et chaussées;

Le directeur de l'École nationale des mines;

Le directeur des travaux de Paris;

Le directeur de l'École centrale des arts et manufactures;

Le président de la Société des ingénieurs civils;

Le directeur de l'École nationale des beaux-arts;

Le directeur du Conservatoire national des arts et métiers;

Un architecte inspecteur général des monuments historiques;

Le président du Syndicat des chemins de fer de ceinture de Paris [1];

Les directeurs des Compagnies de chemins de fer de l'Est, de l'Ouest, d'Orléans, de Paris à Lyon et à la Méditerranée, et du Midi; l'ingénieur en chef de l'exploitation de la Compagnie des chemins de fer du Nord;

Le président de la Compagnie générale des omnibus de Paris;

Le président-directeur de la Compagnie générale des voitures à Paris;

[1] Décret du 18 novembre 1893.

Le président de la Compagnie générale transatlantique ;

Le président de la Compagnie des messageries maritimes ;

Le président de la Compagnie des bateaux parisiens ;

Quatre représentants de la presse [1] ;

Trois représentants de l'industrie des constructions métalliques.

Les membres non désignés par leurs fonctions sont nommés par décret.

La commission supérieure est appelée à émettre son avis sur les questions qui lui sont soumises par le Ministre du commerce, de l'industrie et des colonies.

Elle peut se subdiviser en comités, qui élisent leur bureau.

Art. 3. Le cadre des services de l'Exposition est le suivant :

1° Secrétariat général. — Affaires générales. Personnel. Service médical. Police. Secours contre l'incendie. Presse. Entrées de faveur.

2° Direction des services d'architecture. — Construction des palais et pavillons. Contrôle des constructions métalliques. Contrôle des palais et pavillons construits par les nations étrangères, les administrations publiques, les colonies, les pays de protectorat et les particuliers.

3° Direction des services de la voirie, des parcs et des jardins, de l'eau et de l'éclairage.

4° Direction de l'exploitation. — Service général de la section française. Service général des sections étrangères. Installations générales, architecture. Installations générales, mécaniques et électriques. Service spécial des beaux-arts. Service spécial de l'agriculture. Service spécial des colonies et pays de protectorat. Catalogue ; diplômes et médailles.

5° Direction des finances. — Entrées, matériel, comptabilité et caisse.

6° Service du contentieux.

7° Service des fêtes.

Art. 4. Les directeurs et chefs de service sont réunis en comité, sous la présidence du Commissaire général, pour l'étude des questions communes à plusieurs services.

Art. 5. Des comités techniques ou administratifs peuvent être constitués auprès du Commissariat général par arrêté du Ministre du commerce, de l'industrie et des colonies.

---

[1] Décret du 18 novembre 1893.

Art. 6. Les services de l'Exposition sont compatibles avec des fonctions publiques.

Au cas où ils quitteraient temporairement leur emploi, les fonctionnaires détachés à l'Exposition seraient maintenus dans les cadres de leur administration, pourraient y recevoir de l'avancement et conserveraient leurs droits à la retraite.

Art. 7. Des arrêtés ministériels fixent les indemnités attachées aux fonctions et emplois des services de l'Exposition.

Art. 8. Le Ministre du commerce, de l'industrie et des colonies est chargé de l'exécution du présent décret, qui sera inséré au *Bulletin des lois* et publié au *Journal officiel* de la République française.

Fontainebleau, 9 septembre 1893.

.CARNOT.

Par le Président de la République française :

Le Ministre du Commerce, de l'Industrie et des Colonies,

TERRIER.

IMPRIMERIE NATIONALE.

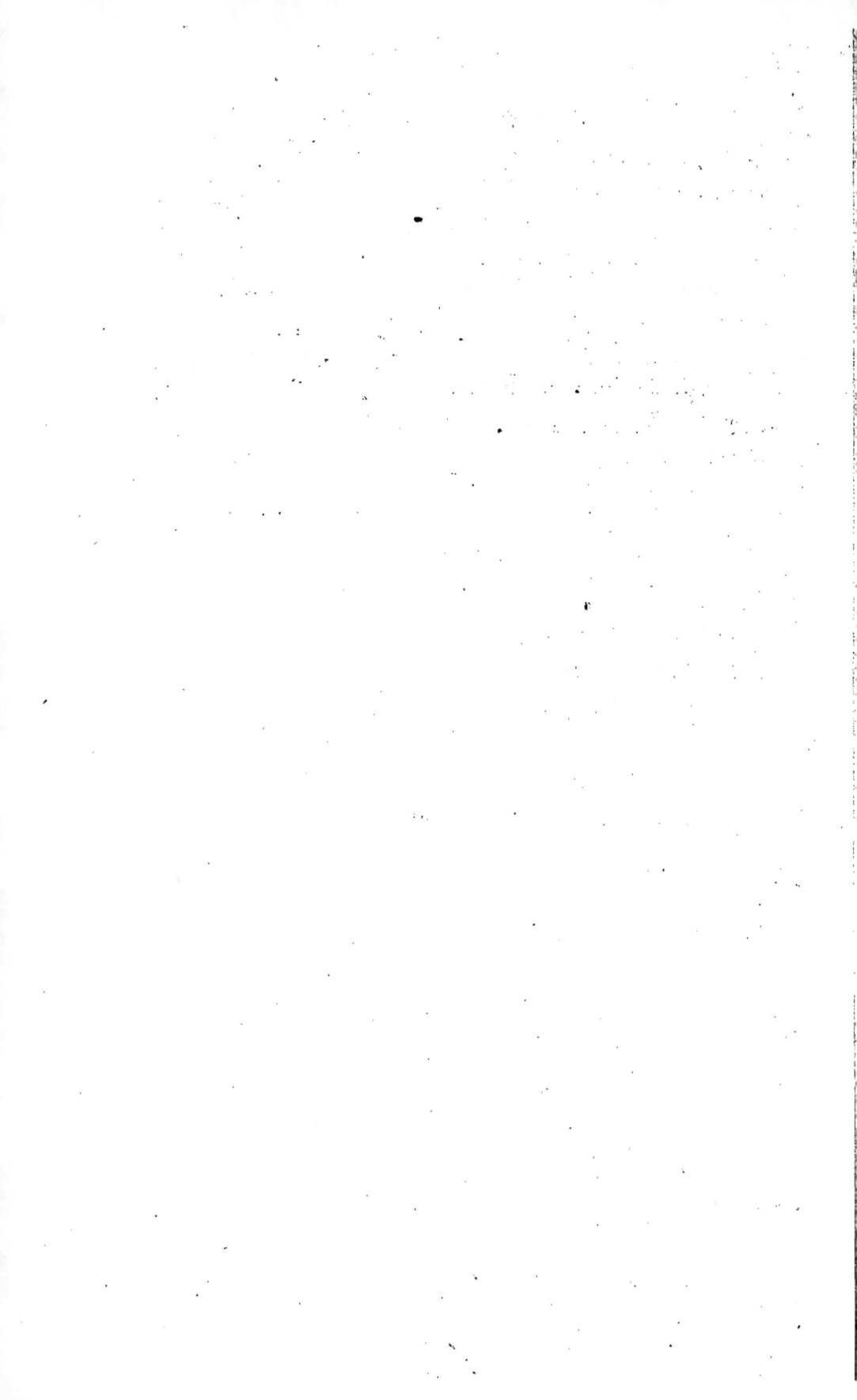

III

RÈGLEMENT GÉNÉRAL

DE L'EXPOSITION UNIVERSELLE DE 1900

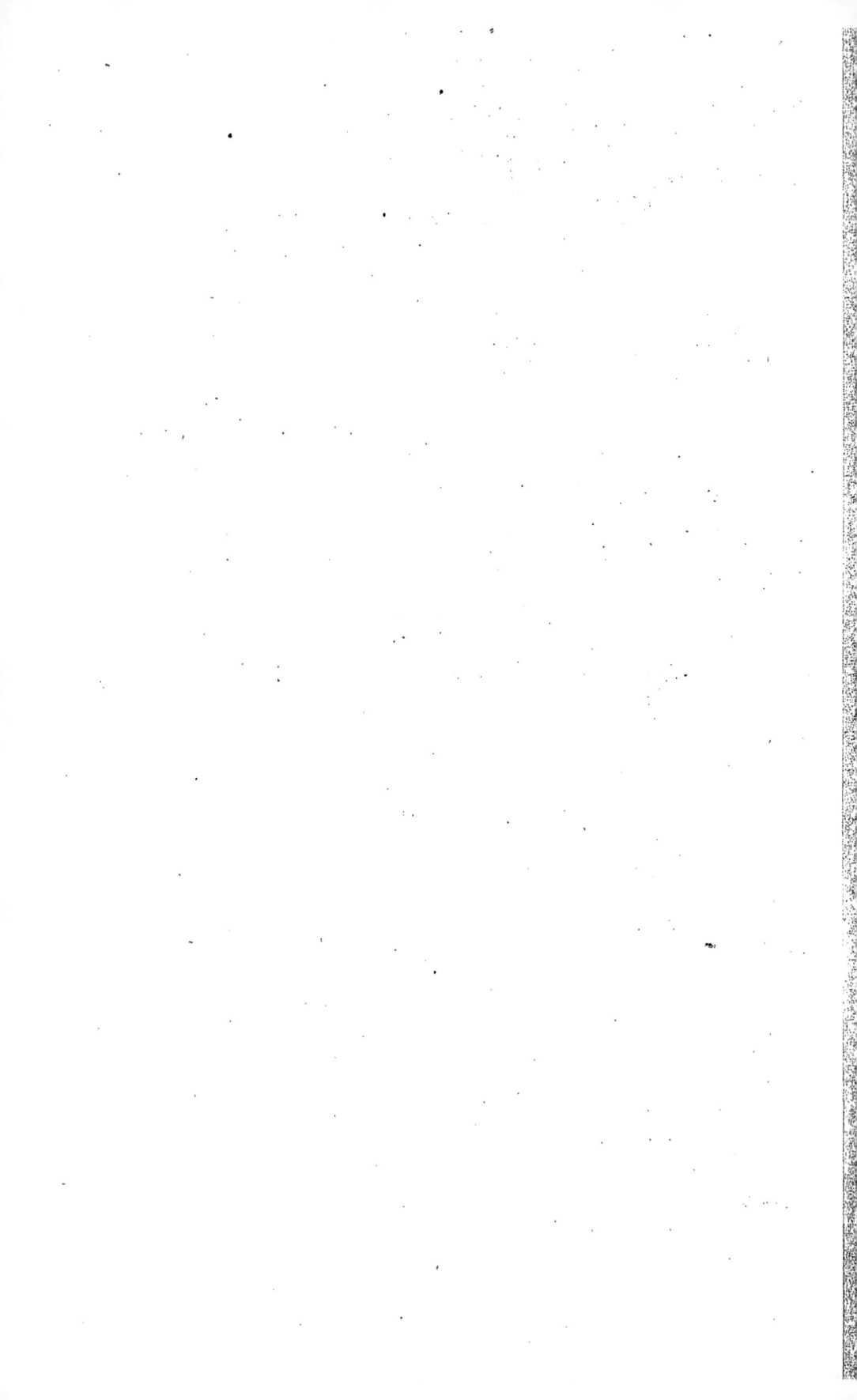

RÈGLEMENT GÉNÉRAL.

I

RAPPORT DU COMMISSAIRE GÉNÉRAL.

1. *Observations préliminaires.* — Les expositions universelles font toujours l'objet d'un règlement général, qui constitue en quelque sorte le code des rapports entre l'Administration et les exposants.

Lors de l'Exposition de 1855, ce règlement, édicté par le chef de l'État, était très précis et très complet.

Pour les expositions suivantes, on l'a progressivement réduit, en laissant de côté des questions qu'il était difficile de résoudre dès le début ou qu'on jugeait plus sage d'ajourner. C'est ainsi que sur le règlement de 1889 sont venus se greffer de nombreux actes complémentaires, relatifs aux groupes des beaux-arts et de l'économie sociale, à l'exposition rétrospective du travail, à l'institution des comités départementaux, à l'admission des produits, à leur expédition, à leur réception, à leur installation, à leur réexpédition, au gardiennage des salles, aux récompenses, aux entrées, etc. Parmi ces actes, les uns émanaient du Ministre, commissaire général; les autres intervenaient sous forme de décret.

Loin de nous la pensée de formuler aucune critique contre ce mode de faire, qui était, sans aucun doute, commandé et justifié par les circonstances. Mais aujourd'hui la situation n'est plus la même : on n'est pas, comme autrefois, en présence d'un domaine insuffisamment exploré, et l'expérience a dissipé toutes les incertitudes. Il a donc paru opportun de revenir à une réglementation moins morcelée, de fixer dès maintenant l'ensemble des principes et des règles essentielles, de n'éliminer et de ne réserver pour des actes ultérieurs que les dispositions présentant un caractère spécial, accessoire ou secondaire. Mieux renseignés sur leurs obligations, sur leurs charges, sur leurs droits et sur les avantages qui leur sont attribués, les exposants pourront s'engager en pleine connaissance de cause; bien des difficultés seront prévenues et bien des récriminations évitées. Les organisateurs des grandes assises de 1900 auront donné un témoignage de sincérité et de prévoyance, fait œuvre de bonne administration et préparé plus sûrement le succès de l'entreprise. Eu égard à son importance, le règlement conçu sur ces larges bases devrait être soumis à la haute sanction de M. le Président de la République.

Le texte proposé a subi la double épreuve d'un examen approfondi par la deuxième sous-commission instituée au sein de la Commission supérieure de l'Exposition universelle de 1900, puis par cette Commission en assemblée plénière, sur le remarquable rapport de M. Chauchat, conseiller d'État.

Très différent dans la forme de celui qui avait été adopté en 1889, il ne contient cependant que peu de dispositions nouvelles. La plupart de ses prescriptions sont empruntées aux décrets et arrêtés intervenus pour l'Exposition du centenaire, ou tendent à consacrer des règles dont l'application s'était imposée dans la pratique.

Titre Iᵉʳ. *Éléments constitutifs.* — *Organisation générale des services.* — La date d'ouverture des précédentes expositions a varié du 1ᵉʳ avril au 15 mai. En 1889, des considérations d'ordre politique ont conduit à la fixer au lendemain de la fête commémorative de l'ouverture des États généraux de 1789, c'est-à-dire au 6 mai. Pour l'Exposition de 1900, on choisirait le 15 avril, jour de Pâques, afin de profiter du mouvement de visiteurs qui se produira inévitablement à cette époque de l'année.

Quant à la clôture, elle aurait lieu le lundi 5 novembre, qui suivra la Toussaint.

Comme l'indique le rapport à l'appui du projet de classification des œuvres et produits, l'exposition contemporaine aurait pour annexe une exposition rétrospective centennale répartie entre les groupes et les classes; quelques repères convenablement choisis jalonneraient les progrès essentiels accomplis depuis 1800.

Les machines de toute nature seraient mises, autant que possible, en action sous les yeux du public, de manière à montrer leur mode de fonctionnement et à initier les visiteurs aux différentes fabrications. C'est la conséquence du principe nouveau qui préside à la classification et qui consiste à rapprocher les produits des agents de production.

Des expositions spéciales, dont il est impossible d'arrêter actuellement la liste, des concours, des auditions musicales et des congrès internationaux compléteraient l'Exposition universelle de 1900 et seraient réglementés par des actes ultérieurs.

L'article 6 définit l'emplacement de l'Exposition conformément aux avis de la Commission préparatoire et de la Commission supérieure, adoptés par M. le Ministre du commerce, de l'industrie, des postes et des télégraphes.

Dans les articles 7, 8, 9 et 10 sont reproduites les dispositions du décret du 9 septembre 1893 et des actes complémentaires sur l'organisation des services, qu'il est utile de signaler plus particulièrement à l'attention du public.

L'article 11, relatif aux expositions des ministères et des administrations publiques, enregistre une règle d'ordre déjà appliquée par M. le Ministre des beaux-arts, M. le Ministre de l'agriculture, M. le Ministre des affaires étrangères et M. le Ministre des colonies, de concert avec M. le Ministre du commerce et de l'industrie (arrêtés du 5 novembre 1893, du 7 novembre 1893 et du 22 mai 1894).

Calqué sur les règlements antérieurs, l'article 12 proscrit les relations directes entre l'Administration de l'Exposition et les exposants étrangers. Cependant il prévoit des dérogations à ce principe pour l'exposition rétrospective centennale, qui reste absolument distincte des sections contemporaines étrangères : l'Administration française doit pouvoir, comme en 1889, s'adresser elle-même hors de France aux possesseurs d'objets dont la place serait marquée dans les collections de l'histoire du travail.

TITRE II. *Classification générale.* — La classification a un caractère purement énonciatif. Quels que soient le soin et la précision apportés à la rédaction de la nomenclature, certains doutes peuvent s'élever sur le classement de tel ou tel produit. Il appartiendra à la Direction générale de l'exploitation de lever ces doutes et de statuer sur les assimilations.

Si des modifications de détail étaient ultérieurement reconnues nécessaires dans la répartition des objets entre les classes, le Ministre du commerce, de l'industrie, des postes et des télégraphes les approuverait, en vertu de la délégation que lui confère l'article 14 du règlement.

TITRE III. *Comités départementaux.* — Depuis 1867, les comités départementaux n'ont cessé de fournir un concours éminemment utile, de contribuer efficacement à la propagande en faveur des expositions, de resserrer les liens entre l'autorité centrale et les industriels des départements. L'institution serait maintenue.

Pour le choix des membres de ces comités, l'Administration de l'Exposition aura soin de s'entourer des avis les plus éclairés et, notamment, de consulter les préfets.

De même qu'en 1889, la présidence d'honneur des comités départementaux est attribuée aux préfets; celle des sous-comités l'est aux sous-préfets et, dans les chefs-lieux de département, aux préfets ou, en leur absence, aux secrétaires généraux. Elle entraînera la présidence effective quand les fonctionnaires qui en sont investis assisteront aux séances.

TITRE IV. *Admission des œuvres et produits.* — Le titre IV, concernant l'admission des œuvres et produits, coordonne les dispositions qui étaient précédemment éparses ou qu'on avait omis de fixer par des textes, mais dont la pratique avait établi la nécessité.

Deux innovations doivent être signalées, l'une pour l'admission des œuvres d'art, l'autre pour celle des produits industriels ou agricoles et des objets divers autres que les œuvres d'art.

En 1889, le jury d'admission des œuvres d'art était formé, par tiers, de membres de l'Académie des beaux-arts, de membres élus et de membres désignés par l'Administration; le corps électoral comprenait les artistes membres de l'Institut, ainsi que les artistes décorés de la Légion d'honneur pour leurs œuvres ou ayant obtenu soit le grand prix de Rome, soit le prix du Salon, soit une bourse de voyage, soit une médaille aux salons annuels. Depuis, les artistes se sont répartis entre deux associations, la Société des artistes français et la Société nationale des beaux-arts. Afin de réserver une place à la représentation de chacune des deux sociétés, l'article 23 substitue au partage par tiers le partage par quarts; il se borne, d'ailleurs, à reconnaître le droit de ces sociétés, sans déterminer le mode suivant lequel elles procéderont au choix de leurs délégués.

Lors de la précédente Exposition, le secrétariat de chacun des comités de groupe institués pour l'admission des produits industriels ou agricoles était confié au secrétaire de la classe dont le président avait été élu à la présidence du groupe. La Commission supérieure de l'Exposition de 1900 n'a pas cru devoir maintenir cette règle, qui lui paraissait trop étroite; les comités de groupe choisiront librement leur secrétaire parmi les secrétaires des classes du groupe.

Presque toutes les dates assignées en 1889 aux différentes phases des opérations ont pu être maintenues, bien que l'ouverture de l'Exposition doive être avancée.

Des commissions spéciales auront à préparer l'exposition centennale des beaux-arts. Pour les objets et produits autres que les œuvres d'art, la préparation des musées centennaux incombera aux comités d'admission.

TITRE V. *Expédition, réception, installation et réexpédition des œuvres et produits.* — Ce titre ne contient pas d'innovation importante.

Aucun loyer ne sera exigé des exposants pour les emplacements qu'ils occuperont dans les palais et pavillons construits par l'Administration de l'Exposition; le toit destiné à les abriter leur sera livré gratuitement. Cette immunité est conforme aux tendances et aux traditions hospitalières de la France. Pendant la discussion de la loi du 6 juillet 1886, relative à l'Exposition universelle de 1889, la Chambre avait été saisie d'un amendement dont le but était, au contraire, de taxer les emplacements; mais elle s'est refusée à rompre avec les précédents. Il convient, du reste, de remarquer que la taxation des espaces écarterait les petits producteurs et serait antidémocratique, qu'elle aurait pour corollaire à peu près inévitable le droit de vente et dépouillerait rapidement les galeries d'un bon nombre d'objets intéressants, enfin que la mesure serait en tout cas inapplicable aux sections purement historiques ou scientifiques, exclusives des idées de lucre.

De même qu'en 1889, l'eau, le gaz, la vapeur et la force motrice indispensables au fonctionnement des appareils exposés seront fournis à titre gratuit. Les exposants devront établir à leurs frais les branchements sur les conduites de distribution d'eau, de gaz ou de vapeur, et les transmissions intermédiaires destinées à recueillir la force motrice sur les arbres de transmission générale.

Les frais d'emballage, de transport, de déballage, de conservation des caisses, de réemballage et de réexpédition demeureront, suivant l'usage, à la charge des exposants. Néanmoins des exceptions pourront être consenties par l'Administration pour les sections rétrospectives; souvent, en effet, les collectionneurs qui consentent à se dessaisir temporairement des objets devant prendre place dans ces sections font un véritable sacrifice, auquel il serait difficile d'ajouter, par surcroît, des charges matérielles.

Sauf pour le groupe des beaux-arts, qui a toujours été privilégié à cet égard, les exposants supporteront les dépenses d'installation, dépenses que nous nous sommes efforcés de définir nettement. Ils conserveront, du reste, pour le choix de leur mobilier et de leurs motifs de décoration, toute la liberté d'allures compatible avec l'ordonnance des constructions et des aménagements. Dans un intérêt d'homogénéité et d'économie, l'Administration se réserve d'exécuter elle-même tout ou partie des travaux de planchers, de cloisons et de velums ou faux plafonds, pour le compte des comités de classe, des administrations publiques et des commissions étrangères, qui auront à pourvoir au payement des dépenses ainsi faites. Certaines exonérations pourront être accordées aux exposants ouvriers; l'Administration pourra aussi prendre à sa charge soit une partie, soit même l'intégralité des frais d'installation de l'Exposition centennale.

En ce qui concerne l'indication du prix marchand des objets exposés dans les sections contemporaines, industrielles ou agricoles, trois systèmes étaient en présence. Ils consistaient : le premier, à interdire la publication des prix ; le second, à la rendre obligatoire ; le troisième, à la laisser facultative.

Adopté à Londres en 1851, le système de l'interdiction a soulevé une vive réprobation. Il est contraire à la moralité commerciale, fâcheux pour le public et le jury, qui manquent d'un élément capital d'appréciation. Le mérite des objets dépend non seulement de leurs qualités intrinsèques, mais encore du prix auquel ils sont produits et peuvent être vendus : à qualités égales, le mérite est d'autant plus grand que le prix descend plus bas ; un objet légèrement inférieur en qualité peut avoir beaucoup plus de mérite, si son prix est notablement moindre.

Le système de l'obligation donne lieu à de grosses difficultés. S'il s'agit du prix de revient, les producteurs répugnent souvent à mettre le public et surtout leurs concurrents dans le secret de leurs dépenses et de leurs bénéfices ; s'il s'agit du prix de vente en gros, aux producteurs s'ajoutent les intermédiaires qui achètent pour revendre au détail ; s'il s'agit du prix au détail, les exposants peuvent, moyennant des sacrifices temporaires, indiquer des chiffres inférieurs à la réalité pour faire une réclame à leur maison et attirer les clients. Au surplus, l'Administration manque de moyens de contrôle.

C'est le système de la faculté, de l'invitation expresse n'équivalant pas à une injonction, qui a prévalu en 1878 et en 1889. Il est prudent de le maintenir en 1900.

Aucun objet vendu ne doit pouvoir être enlevé avant la clôture de l'Exposition. Si l'on n'y tenait la main, les galeries se transformeraient en de vastes bazars et risqueraient d'être progressivement dépouillées.

Toutefois, comme un nombre aussi grand que possible de machines et d'appareils seront mis en action sous les yeux du public, il faudra assurer l'évacuation des objets ainsi fabriqués et, dès lors, les soustraire à l'application du principe général.

Titre VI. *Régime au point de vue des douanes, des contributions indirectes et de l'octroi.* — Les dispositions relatives aux douanes et aux contributions indirectes reproduisent textuellement celles du décret du 28 juillet 1894, rendu sur le rapport du Ministre des finances et du Ministre du commerce.

Suivant l'usage, les locaux affectés à l'Exposition sont constitués en entrepôt réel des douanes. Parmi les mesures libérales prises en faveur des produits étrangers, il en est deux qui méritent d'être signalées particulièrement. D'une part, ceux de ces produits qui seraient livrés ultérieurement à la consommation ne supporteront, quelle que soit leur origine, que les droits applicables aux produits similaires de la nation la plus favorisée : cela est conforme aux précédents de 1867, 1878 et 1889. D'autre part, les objets fabriqués dans l'enceinte de l'Exposition avec des matières étrangères importées sous le régime de douane ne seront assujettis à d'autres droits que ceux afférents à la matière importée et mise en œuvre.

Aux termes d'une décision ministérielle du 28 juillet 1847, les services des contributions indirectes et de l'octroi n'ont pas à intervenir pour les transports à destination des entrepôts réels des douanes. Cette règle s'appliquant aux seuls produits étrangers, il y avait lieu de régler le sort des produits français passibles de taxes perçues par l'Administration des contributions indirectes ou de taxes d'octroi. Tel est le but des articles 66 à 69, qui comblent une lacune des règlements antérieurs.

En ce qui concerne les contributions indirectes, on appliquera le régime du transit et de l'entrepôt. La fabrication des tabacs au moyen des machines et appareils exposés pourra être autorisée à titre de démonstration du fonctionnement de ces machines et appareils, mais sous les conditions propres à sauvegarder les intérêts du fisc. Conformément à l'article 68, les exposants d'ouvrages d'or et d'argent de fabrication française seront dispensés de l'apposition préalable des marques légales, opération qui fatigue parfois les pièces.

Pour l'octroi, la constitution en entrepôt est de tradition. Les dispositions de l'article 69 ont été concertées avec la Préfecture de la Seine.

Titre VII. *Protection des objets exposés.* — Nous n'avons à insister que sur l'article 72.

La pratique constante de l'Administration est de décliner absolument la responsabilité des incendies ou des autres accidents dont les objets exposés auraient à souffrir, quelles que soient la nature et l'importance du dommage.

En 1889, l'exposition rétrospective ne devait, à cet égard, bénéficier d'aucune exception, et pourtant les comités de l'histoire du travail ont été conduits à couvrir divers exposants étrangers de leurs risques par l'assurance des objets exposés. Sinon, les démarches entreprises pour la constitution des musées eussent abouti à un insuccès. La question sera, cette fois, résolue par une disposition explicite du règlement.

Titre VIII. *Catalogue des œuvres et produits exposés.* — Suivant l'usage, l'Administration de l'Exposition publiera, en langue française, un catalogue méthodique et complet des œuvres et produits de toutes les nations, avec indication du nom des exposants et des places occupées dans les palais, parcs et jardins. Au catalogue principal pourront, bien entendu, être joints des catalogues spéciaux dressés par les administrations publiques, notamment par celle des colonies; une entente à cet égard interviendra, en temps utile, avec les services intéressés.

En 1889, comme en 1878, les nations étrangères n'étaient autorisées à publier un catalogue spécial de leur section que dans leur propre langue, à l'exclusion de toute autre. Plusieurs commissariats étrangers ont cependant mis à la disposition du public des catalogues en langue française; mais ils se sont vus contraints de traiter, au préalable, avec l'entrepreneur du catalogue général. Ces restrictions et ces entraves, contraires à la dignité des nations étrangères et aux intérêts bien entendus de l'Exposition, sont supprimées dans le texte proposé pour 1900. L'Administration gardera d'ailleurs un droit de réglementation et de contrôle, qui aura, en particulier, pour but d'empêcher les réclames abusives et les annonces inadmissibles au point de vue du bon ordre et des convenances.

Titre IX. *Récompenses aux exposants. Diplômes commémoratifs.* — Peu d'institutions ont été aussi souvent et aussi violemment attaquées que celle des récompenses aux exposants. Les attaques sont venues non seulement des industriels mécontents de leur sort et jaloux de leurs rivaux plus heureux, mais aussi d'hommes indépendants et particulièrement qualifiés pour émettre un avis à ce sujet.

Suivant les adversaires de l'institution, le stimulant vraiment efficace des progrès de l'industrie réside dans l'intérêt des producteurs, dans le désir de développer leur clientèle, et non dans la consécration, en quelque sorte officielle, de leurs mérites, par des sentences toujours discutables et toujours discutées. A un autre point de vue, ces sentences ont le grave défaut de troubler les conditions normales de la concurrence, en y jetant l'autorité des mandataires de l'État. En outre, les causes les plus diverses se réunissent pour rendre à peu près impossible la tâche des jurys : brièveté du délai d'examen, difficulté des réunions, gêne imposée à des hommes qui ne peuvent abandonner entièrement leurs affaires ou leurs fonctions pendant plusieurs mois, défaut d'un élément de comparaison et d'un étalon communs dans l'appréciation de produits fort dissemblables, multiplicité des éléments devant servir de base aux jugements, inégalité des exposants dans l'adresse à faire valoir leurs titres et à capter la confiance des juges, danger des intrigues et de la mise en jeu d'influences parfois puissantes.

Malgré ce que peuvent avoir de fondé les critiques dont l'institution des récompenses a été l'objet, elle survivra sans doute longtemps encore, aussi bien en France qu'à l'étranger. A la vérité, l'intérêt des producteurs constitue le stimulant le plus actif du progrès industriel; il n'y a pas, en définitive, de juge meilleur et plus sûr que le consommateur; la tâche des jurys est hérissée de difficultés d'ordre matériel et moral. Cependant la pratique suivie depuis l'origine des expositions a des mérites et des avantages qu'on ne saurait méconnaître; ses imperfections ne l'ont pas empêchée de rendre d'indéniables services.

La perspective d'une récompense officielle sera toujours un agent fort utile d'émulation. Un industriel qui a consacré son temps, son expérience, ses ressources, son génie inventif à développer et à perfectionner une branche de la production peut et doit être légitimement fier de se voir distinguer par des savants ou par des praticiens consommés; il trouve dans leur jugement des satisfactions d'un caractère plus noble et plus élevé que dans le simple accroissement de sa clientèle et de sa fortune. A cet égard, l'ambition des exposants est un levier dont l'État, gardien de l'intérêt général, serait presque coupable de ne pas user.

Bien recrutés, les jurys accomplissent leur mission avec un zèle, un dévouement, une compétence et une impartialité dignes d'éloges; ils ont conscience de l'étendue de leurs devoirs, savent s'élever au-dessus des compétitions, ne s'inspirent que de la justice et de l'équité dans les sentences qu'ils ont à prononcer. Si parfois ils se trompent, du moins leurs erreurs sont rares : le petit nombre des plaintes que soulèvent leurs jugements en est la preuve la plus manifeste. L'un des principaux services qu'ils rendent est de discerner les mérites trop modestes pour se mettre en évidence et de faire, au contraire, rentrer dans le rang les industriels dont la réputation mal acquise repose sur un excès de publicité et de réclame; souvent ils corrigent l'opinion insuffisamment renseignée des consommateurs, qui ne disposent ni des mêmes termes de comparaison, ni des mêmes moyens d'appréciation. L'examen détaillé et minutieux des produits auquel ils doivent se livrer est d'ailleurs la meilleure préparation des rapports, dont on est unanime à reconnaître l'utilité, et qui risqueraient de prendre un caractère trop spéculatif le jour où les récompenses seraient supprimées.

Après une étude attentive, les règles antérieures sur l'organisation et le fonctionnement du jury international ont été maintenues sans aucun changement de quelque importance.

Il y aurait, de même qu'en 1889, trois degrés de juridiction : jurys de classe, jurys de groupe et jury supérieur. L'augmentation du nombre des classes et des groupes ajoute à la nécessité de ces trois degrés pour assurer l'harmonie et l'unité dans l'attribution des récompenses.

Le nombre total des membres titulaires dont se composeront les jurys de classe serait réglé au soixantième environ du nombre des exposants. Pour les expositions antérieures, la proportion a varié du cinquante-neuvième au quatre-vingtième.

Une question fréquemment débattue est celle du mode de désignation des jurés. Jusqu'ici, le Gouvernement s'est réservé la nomination des jurés français. A ce système on a opposé l'élection totale ou partielle par les exposants. Si séduisante que soit l'élection dans notre régime démocratique, elle paraît devoir être écartée. Tout d'abord, on ne saurait évidemment l'étendre aux nations étrangères qui n'ont jamais témoigné de sympathie pour le système électif, et, dès lors, il faudrait la restreindre à la France. On comprend sans peine les inconvénients qu'il y aurait à ne pas modeler l'investiture des jurés français sur celle des jurés étrangers. Au surplus, comment mettre en mouvement un corps électoral disséminé dans toute l'étendue du territoire? comment réunir des majorités suffisantes en s'abstenant de recourir à la candidature officielle? comment assurer des choix dignes de la haute magistrature attribuée au jury? comment avoir des élus mis hors de toute suspicion? Ces motifs généraux condamnent l'élection partielle comme l'élection totale; la dualité d'origine des jurés français serait, du reste, grosse de périls.

Désormais, deux jurys de classe pourront être réunis pour le jugement d'objets déterminés, quand cela sera utile à l'accomplissement de leur tâche. Cette innovation était instamment réclamée.

Les dates d'achèvement des opérations successives du jury ont été réglées avec soin. Notre intention est de hâter la distribution des récompenses. D'une part, les lauréats éprouvent une grande et légitime satisfaction à recevoir promptement le prix de leurs efforts et à indiquer sur leurs produits les récompenses qu'ils ont obtenues. D'autre part, cette indication constitue un guide précieux pour les études et les visites du public.

En 1889, les récompenses ont été exclusivement décernées sous forme de diplômes et réparties entre les catégories suivantes : grands prix; diplômes de médaille d'or; diplômes de médaille d'argent; diplômes de médaille de bronze; diplômes de mention honorable. La substitution des diplômes aux médailles s'était imposée pour des raisons d'économie dont la valeur subsiste tout entière; elle n'a d'ailleurs point découragé les exposants, qui attachent beaucoup plus d'importance à la valeur morale des récompenses qu'à la valeur intrinsèque de leurs signes représentatifs. Son unique danger était l'avilissement des distinctions supérieures, qui devaient fatalement être distribuées avec moins de parcimonie; mais le jury et l'Administration ont eu la sagesse et la fermeté nécessaires pour éviter cet écueil.

Le mieux est de s'en tenir aux règles de la dernière Exposition; elles permettent de graduer convenablement les récompenses et de les décerner assez largement sans surcharger les finances publiques. Suivre certains exemples de l'étranger et n'admettre qu'un type de récompenses, ce serait mettre sur le même pied les mérites éclatants et l'honnête médiocrité; mieux vaudrait renoncer à l'institution. Conserver la pluralité des types en modifiant leur nombre ou leur dénomination, ce serait innover sans motif plausible et rendre plus difficiles les rapprochements entre les deux Expositions de 1889 et de 1900.

Antérieurement, la mise hors de concours n'était réglementée que pour les jurés titulaires ou suppléants et pour les associés ou experts. Le jury de 1889 a suppléé aux lacunes des textes en se traçant certaines règles, notamment à l'égard des sociétés exposantes dont un représentant était investi du mandat de juré. Ces règles prendraient place dans le nouveau règlement.

Nous y inscrivons aussi, d'accord avec la Commission supérieure, les principes adoptés en 1889 pour les objets soumis à l'examen de plusieurs jurys, pour les expositions collectives, pour l'attribution de récompenses ordinaires aux exposants du groupe de l'horticulture qui auront participé d'une manière suivie à la série des concours temporaires.

En ce qui touche spécialement les expositions collectives, une seule récompense sera décernée; mais, quand l'exposition sera plurinominale, chacun des membres participants recevra un diplôme portant tous les noms. Dans les groupes de l'agriculture, de l'horticulture et des aliments, le jury aura le droit de grouper d'office un certain nombre d'exposants et d'attribuer un diplôme unique aux personnes morales représentant ces groupements; il pourra ainsi récompenser plus dignement un ensemble d'efforts concourant au même but et qui, considérés isolément, passeraient inaperçus ou seraient insuffisamment appréciés. Il reste d'ailleurs entendu et il est expressément stipulé que l'utilisation commune de vitrines ou autres meubles par plusieurs exposants n'empêchera pas ces exposants de participer chacun à la distribution des récompenses, lorsqu'ils auront exposé à titre personnel et individuel.

Une nouveauté intéressante est celle qui consiste à instituer dans les classes d'industries d'art deux sections distinctes, ouvertes l'une aux artistes auteurs de dessins, de cartons, de maquettes, de modèles, etc., et l'autre aux industriels. Cette nouveauté, sur laquelle nous nous expliquons à propos de la classification, permettra de récompenser l'art inventif au même titre que la production matérielle, et sera un légitime hommage rendu aux arts décoratifs.

Des sections différentes devront être également réservées au matériel ou aux procédés de production et aux produits, quand ces divers éléments se trouveront réunis dans une même classe.

Depuis que les expositions se sont implantées en France, on a toujours récompensé, outre les exposants, ceux de leurs collaborateurs qui se recommandaient par des titres spéciaux. Bien qu'appliqué sous des formes diverses, le principe n'a jamais varié.

Il est impossible de méconnaître les abus et les difficultés de tout genre auxquels a donné lieu, en 1889, l'attribution des récompenses de collaborateurs. Les patrons péchaient par excès de bienveillance dans leurs déclarations et leurs demandes; le jury n'avait pas à sa disposition des moyens de contrôle suffisants.

Néanmoins l'institution est depuis trop longtemps acclimatée, offre aux travailleurs des avantages trop réels, s'harmonise trop avec nos tendances et notre régime social, pour que nous songions à y renoncer. L'Administration étudiera et indiquera au jury les précautions à prendre, afin de ne pas déprécier les récompenses de collaborateurs en les distribuant avec profusion ou en les détournant de leur destination véritable. Il sera notamment indispensable que les exposants fournissent dès le début la liste des ingénieurs, contremaîtres et ouvriers qui se seraient particulièrement distingués dans la production des objets figurant à l'Exposition.

Les palais des expositions sont, en général, appelés à disparaître comme disparaissent les décors d'un théâtre, aussitôt que la pièce est jouée. De leur côté, les produits si péniblement assemblés se dispersent en quelques jours vers tous les points de l'horizon. Tant de labeurs et tant de dépenses ne laissent bientôt, pour les visiteurs superficiels, qu'un souvenir plus ou moins fugitif.

Un monument subsiste cependant : nous voulons parler de la collection des rapports du jury international. Ces rapports perpétuent la mémoire des efforts accomplis, enregistrent les grands faits artistiques, industriels, agricoles, commerciaux, mis en lumière par l'Exposition, relatent les progrès accomplis, fixent l'état général de la production, marquent une date dans l'histoire de l'activité humaine.

Il y a là une œuvre capitale qui, pour prendre toute sa valeur, doit être conduite avec autant de rapidité que de soin. Des dispositions plus précises qu'autrefois lui ont été consacrées dans le projet de règlement.

L'une des erreurs du passé consistait à ne désigner que tardivement le rapporteur général. M. Jules Simon s'en plaignait déjà après l'Exposition de 1878. Nous savons par expérience le surcroît de peines, de démarches, de travail imposé à celui qui reçoit au dernier moment une mission si honorable, mais si écrasante. En 1900, le rapporteur général sera choisi dès l'origine de l'Exposition, dont il pourra suivre toutes les phases et tirer tous les enseignements utiles à sa tâche.

TITRE X. *Entrées.* — Le régime des entrées est intimement lié aux combinaisons financières qui prévaudront pour la future Exposition et ne peut être actuellement arrêté dans ses détails. Rien n'empêche toutefois de déterminer aujourd'hui quelques règles essentielles, dont l'adoption s'imposera en tout état de cause et qu'il est utile de faire connaître aux intéressés.

Suivant les précédents, le prix normal d'entrée dans l'enceinte de l'Exposition est fixé à 1 franc. Comme en 1889, des prix plus élevés seront perçus le matin; il en sera de même le soir, sauf le dimanche et les jours spécialement déterminés par le Ministre du commerce et de l'industrie.

Un tarif supérieur pourra être mis en vigueur à des jours déterminés. Lors de la dernière Exposition, les surtaxes exceptionnelles motivées par les fêtes ne se percevaient qu'à partir de 6 heures du soir; aussi la plupart des visiteurs y échappaient-ils en se présentant plus tôt aux guichets. Des mesures différentes devront être appliquées en 1900 : la rédaction proposée est assez large pour s'y prêter.

Le règlement prévoit la délivrance d'abonnements, soit pour toute la durée de l'Exposition, soit pour des périodes définies. Cette prévision se justifie d'elle-même.

Toutes les dispositions relatives aux entrées de service tendent à consacrer la pratique de 1889, sauf les deux modifications que voici. D'une part, les membres des comités d'admission jouiraient du bénéfice de la gratuité : il y a là un acte de justice et de convenance à l'égard de collaborateurs dévoués qui apportent le concours de leur talent et sacrifient leur temps à l'œuvre commune; au surplus, la faveur est moins grande qu'elle ne le semble au premier abord, car beaucoup de membres des comités d'admission sont exposants, font partie des comités d'installation ou appartiennent au jury. D'autre part, la participation aux expositions rétro-spectives ne donnerait lieu à l'attribution d'une carte d'entrée gratuite que si l'Administration considérait cette mesure comme justifiée par l'impor-tance des objets exposés : on préviendra ainsi de graves abus.

Les organisateurs des expositions ont toujours cherché à en faciliter l'accès aux classes laborieuses. Ils regardaient avec raison le spectacle des progrès accomplis sur tous les points du globe et l'étude comparative des perfectionnements introduits dans les procédés de travail comme un puis-sant moyen d'éducation professionnelle. La tradition sera nécessairement continuée en 1900. Nous nous sommes bornés à poser le principe dans le règlement.

TITRES XI et XII. *Concessions. Dispositions administratives diverses.* — Ces deux titres ne comportent aucune explication particulière.

Conclusion. — Tels sont les seuls points sur lesquels il convenait d'ap-peler plus spécialement l'attention.

Nous espérons que, malgré sa brièveté, ce rapport aura suffi à justifier le projet de règlement et à en motiver l'approbation.

Paris, le 30 juillet 1894.

Le Commissaire général,
A. PICARD.

3.

II

DÉCRET DU 4 AOÛT 1894

PORTANT RÈGLEMENT GÉNÉRAL

POUR L'EXPOSITION UNIVERSELLE DE 1900.

Le Président de la République française,

Sur le rapport du Ministre du commerce, de l'industrie, des postes et des télégraphes, et du Ministre de l'instruction publique et des beaux-arts;

Vu le décret du 13 juillet 1892 instituant à Paris, en 1900, une Exposition universelle des œuvres d'art et des produits industriels ou agricoles;

Vu le décret du 9 septembre 1893 portant organisation des services de cette Exposition;

Vu l'avis de la Commission supérieure de l'Exposition et les propositions du Commissaire général,

Décrète :

Art. 1er. Sera soumise aux dispositions du présent règlement l'Exposition universelle internationale de 1900 à Paris.

TITRE PREMIER.

ÉLÉMENTS CONSTITUTIFS. — ORGANISATION GÉNÉRALE DES SERVICES.

Art. 2. L'Exposition universelle internationale instituée à Paris, pour l'année 1900, sera ouverte le 15 avril et close le 5 novembre.

Elle recevra les œuvres d'art, les produits agricoles ou industriels, et, d'une manière générale, tous les objets rentrant dans la classification annexée au présent règlement.

Toutes les nations sont invitées à y prendre part.

Art. 3. A l'Exposition contemporaine sera jointe une Exposition rétrospective centennale, répartie entre les classes et résumant les progrès accomplis depuis 1800 dans les diverses branches de production.

Art. 4. Les machines de toute nature seront mises autant que possible en action sous les yeux du public, de manière à montrer leur mode de fonctionnement et à initier les visiteurs aux différentes fabrications.

ART. 5. Des expositions spéciales (exposition historique de l'art ancien, exposition anthropologique et ethnographique, etc.), des concours (concours de machines agricoles, concours d'animaux vivants, etc.), des auditions musicales et des congrès compléteront l'Exposition universelle de 1900 et feront l'objet de règlements spéciaux.

ART. 6. L'emplacement affecté à l'Exposition comprend notamment le Champ de Mars, le Trocadéro et ses abords, le quai d'Orsay, l'Esplanade des Invalides, le quai de la Conférence, le Cours-la-Reine, le Palais de l'industrie et les terrains avoisinant ce palais entre son axe longitudinal prolongé, l'avenue d'Antin et le Cours-la-Reine.

ART. 7. Conformément au décret du 9 septembre 1893, les services de l'Exposition relèvent du Ministre du commerce, de l'industrie, des postes et des télégraphes, et sont dirigés par un Commissaire général.

Ils se répartissent entre la direction générale de l'exploitation, la direction des services d'architecture, la direction des services de la voirie, des parcs et jardins, de l'eau et de l'éclairage, la direction des finances, le secrétariat général, le service du contentieux et le service des fêtes [1].

Ceux de la direction générale de l'exploitation sont partagés entre le directeur général et le directeur général adjoint, conformément aux bases fixées par l'arrêté ministériel du 10 octobre 1893. Les directeurs généraux sont appelés à se suppléer réciproquement dans toutes leurs attributions et prérogatives, en cas d'absence ou d'empêchement de l'un d'eux.

Les directeurs généraux, les directeurs, le secrétaire général et les chefs de service exercent leurs attributions sous l'autorité du Commissaire général, à qui sont notamment soumis les projets et plans généraux mentionnés au titre V.

En cas d'empêchement du Commissaire général, le directeur général de l'exploitation est appelé à le suppléer.

ART. 8. Les directeurs généraux, les directeurs, le secrétaire général et les chefs de service sont réunis en comité sous la présidence du Commissaire général, pour l'étude des questions communes à plusieurs services.

[1] Voir, page 139, les arrêtés ministériels du 12 avril 1894 réglant les attributions des diverses directions.

Le directeur général de l'exploitation est vice-président du Comité des directeurs.

Art. 9. Une commission consultative, dite *Commission supérieure de l'Exposition*, est instituée au Ministère du commerce, de l'industrie, des postes et des télégraphes.

Cette Commission, présidée par le Ministre du commerce, de l'industrie, des postes et des télégraphes, a pour vice-présidents le Ministre de l'instruction publique et des beaux-arts, le Ministre de l'agriculture et le Commissaire général.

Les directeurs généraux, les directeurs et le secrétaire général en sont membres de droit avec voix délibérative.

Art. 10. Des comités techniques ou administratifs peuvent être constitués auprès du Commissariat général par arrêté du Ministre du commerce, de l'industrie, des postes et des télégraphes, sur la proposition du Commissaire général.

Art. 11. Les ministères et les administrations publiques accréditent des délégués pour organiser leurs expositions particulières.

Ces délégués sont placés sous l'autorité du Commissaire général.

Art. 12. Chacune des nations étrangères qui participent à l'Exposition doit se faire représenter par un délégué auprès du Commissaire général.

Ce délégué est seul chargé de traiter avec le Commissaire général, les directeurs généraux et les directeurs, les questions qui intéressent ses nationaux, notamment celles qui sont relatives à la répartition des espaces entre les divers pays, aux constructions spéciales, à l'admission des produits et à leur installation.

En conséquence, l'Administration de l'Exposition ne correspond pas directement avec les exposants étrangers.

Il ne peut être dérogé à ces dispositions que pour l'Exposition rétrospective centennale.

TITRE II.

CLASSIFICATION GÉNÉRALE.

Art. 13. Les objets exposés seront répartis entre dix-huit groupes :

Groupe I. Éducation et enseignement. (Classes 1 à 6.)
— II. Œuvres d'art. (Classes 7 à 10.)
— III. Instruments et procédés généraux des lettres, des sciences et des arts. (Classes 11 à 18.)

Groupe IV. Matériel et procédés généraux de la mécanique. (Classes 19 à 22.)

— V. Électricité. (Classes 23 à 27.)

— VI. Génie civil. — Moyens de transport. (Classes 28 à 34.)

— VII. Agriculture. (Classes 35 à 42.)

— VIII. Horticulture. (Classes 43 à 48.)

— IX. Forêts. — Chasse. — Pêche. — Cueillettes. (Classes 49 à 54.)

— X. Aliments. (Classes 55 à 61.)

— XI. Mines. — Métallurgie. (Classes 62 à 64.)

— XII. Décoration et mobilier des édifices publics et des habitations. (Classes 65 à 74.)

— XIII. Fils, tissus, vêtements. (Classes 75 à 85.)

— XIV. Industrie chimique. (Classes 86 à 90.)

— XV. Industries diverses. (Classes 91 à 99.)

— XVI. Économie sociale. — Hygiène, assistance publique. (Classes 100 à 111.)

— XVII. Colonisation. (Classes 112 à 114.)

— XVIII. Armées de terre et de mer. (Classes 115 à 120.)

ART. 14. Chacun de ces groupes est divisé en classes, suivant le système de la classification générale annexée au présent règlement.

Cette classification énumère sommairement les objets que chaque classe doit renfermer. L'énumération n'est pas limitative; en cas de doute sur le classement d'un objet, il sera statué par la Direction générale de l'exploitation.

Les modifications de détail qu'il pourrait être ultérieurement nécessaire d'apporter à la répartition des objets entre les classes seront approuvées par arrêté du Ministre du commerce, de l'industrie, des postes et des télégraphes, sur la proposition du Commissaire général.

TITRE III.

COMITÉS DÉPARTEMENTAUX.

ART. 15. Il est institué, dans chaque département de la République française (celui de la Seine excepté), un *Comité départemental,* dont les membres seront nommés par le Ministre du commerce, de l'industrie, des postes et des télégraphes, sur la proposition du Commissaire général, et qui aura pour mission :

1° De faire connaître dans toute l'étendue du département les actes officiels concernant l'organisation de l'Exposition et de distribuer les formules de demandes d'admission;

2° De signaler le plus tôt possible les principaux artistes, agriculteurs et industriels dont l'admission à l'Exposition semblerait particulièrement utile à l'éclat de cette solennité;

3° De provoquer les expositions des produits agricoles, horticoles et industriels du département;

4° De provoquer et d'organiser, s'il y a lieu, le groupement des produits similaires du département, et d'accréditer un délégué pour chaque exposition collective;

5° De préparer, s'il y a lieu, par voie de souscription ou par toutes autres mesures, la création d'un fonds spécial pour faciliter la visite et l'étude de l'Exposition à un certain nombre de contremaîtres, d'ouvriers et de cultivateurs du département.

Art. 16. Le Comité départemental siégera au chef-lieu du département.

Il se subdivisera en sous-comités siégeant dans les chefs-lieux d'arrondissement, y compris le chef-lieu du département.

Art. 17. Le Comité et les sous-comités éliront leur bureau.

La présidence d'honneur du Comité départemental appartiendra au préfet. Celle des sous-comités est attribuée aux sous-préfets, et, pour le sous-comité siégeant au chef-lieu du département, au préfet, ou, en son absence, au secrétaire général.

Art. 18. Le Comité départemental correspondra, par l'intermédiaire de son président, avec le Commissaire général et la Direction générale de l'exploitation.

TITRE IV.

ADMISSION DES ŒUVRES ET PRODUITS.

a. Œuvres d'art.

Art. 19. L'Exposition contemporaine est ouverte aux œuvres des artistes français et étrangers exécutées depuis le 1er mai 1889.

Art. 20. Sont exclus :

1° Les copies, même celles qui reproduisent un ouvrage dans un genre différent de celui de l'original;

2° Les tableaux, dessins ou gravures qui ne sont pas encadrés;

3° Les gravures obtenues par des procédés industriels;

4° Les sculptures en terre non cuite.

Art. 21. Les demandes d'admission seront spéciales à chaque genre et conformes aux modèles arrêtés par le Commissaire général. Elles contiendront la désignation des œuvres, leurs dimensions et l'indication des expositions où ces œuvres auraient déjà figuré.

Des formules imprimées seront mises gratuitement à la disposition des artistes, au Commissariat général de l'Exposition (Service des beaux-arts) et aux autres lieux de distribution qui seraient ultérieurement déterminés.

Le nombre des ouvrages que peut exposer chaque artiste est limité à dix.

Art. 22. Les artistes français et ceux des colonies devront déposer leurs demandes au Commissariat général (Service des beaux-arts), du 16 au 31 mai 1899.

Art. 23. Ces demandes seront soumises, du 1er au 30 juin 1899, à l'examen d'un jury divisé en quatre *comités* correspondant : le premier, à la classe 7 (Peintures. — Cartons. — Dessins); le deuxième, à la classe 8 (Gravure et lithographie); le troisième, à la classe 9 (Sculpture et gravure en médailles et sur pierres fines); le quatrième, à la classe 10 (Architecture).

Les comités seront formés, chacun : 1° pour un quart, de membres de l'Académie des beaux-arts, désignés par le Ministre de l'instruction publique et des beaux-arts, et par le Ministre du commerce, de l'industrie, des postes et des télégraphes, sur la proposition du directeur des beaux-arts et l'avis du Commissaire général; 2° pour un quart, de membres pris en dehors de l'Académie et nommés dans les mêmes conditions; 3° pour un quart, de membres désignés par la Société des artistes français; 4° pour le dernier quart, de membres désignés par la Société nationale des beaux-arts.

Chaque comité élira parmi ses membres un président, un vice-président, un rapporteur et un secrétaire.

Les présidents, vice-présidents, rapporteurs et secrétaires des quatre comités se réuniront en *Comité central* pour statuer en dernier ressort sur les propositions qui lui seront soumises par ces comités. Le bureau du comité central sera composé du Ministre de l'instruction publique et des beaux-arts, président; du directeur des beaux-arts, vice-président, et de secrétaires nommés par le Ministre des beaux-arts.

Art. 24. Le jury dressera et fera parvenir au Commissaire général, par l'intermédiaire du directeur des beaux-arts, le 1ᵉʳ juillet 1899, une première liste des admissions susceptibles d'être prononcées sans examen des œuvres elles-mêmes.

Les ouvrages qui n'auraient pas été admis dans ces conditions devront être déposés francs de port au palais des Champs-Élysées, du 5 au 20 janvier 1900, pour y être examinés par le jury.

Il en sera de même des ouvrages que les artistes inscrits avant le 1ᵉʳ juin 1899 présenteraient en surplus. Ces ouvrages feront l'objet d'une demande d'admission déposée au Commissariat général (Service des beaux-arts), avant le 1ᵉʳ janvier 1900.

A la suite de l'examen de ces deux catégories d'ouvrages, le jury dressera et fera parvenir au Commissaire général, par l'intermédiaire du directeur des beaux-arts, le 31 janvier 1900 au plus tard, une seconde liste d'admission.

Art. 25. L'admission des œuvres étrangères sera prononcée par le Commissaire général sur la demande du commissaire de la nation à laquelle appartiendra l'artiste et sur la proposition du directeur des beaux-arts.

Aucune proposition ne sera recevable après le 31 décembre 1899.

Art. 26. Les artistes étrangers dont le pays ne serait pas représenté par un commissaire délégué devront remettre leurs demandes au Commissariat général (Service des beaux-arts) avant le 1ᵉʳ décembre 1899 et déposer leurs ouvrages francs de port au palais des Champs-Élysées, du 5 au 20 décembre 1899.

Un jury spécial, composé de Français et d'étrangers, sera institué par le Ministre de l'instruction publique et des beaux-arts, et par le Ministre du commerce, de l'industrie, des postes et des télégraphes, pour l'examen de ces ouvrages. Il fera parvenir ses propositions au Commissaire général par l'intermédiaire du directeur des beaux-arts, le 31 décembre 1899 au plus tard.

Art. 27. Les artistes dont les ouvrages auront été admis recevront du Commissaire général, par l'intermédiaire du directeur des beaux-arts, un certificat d'admission.

Aussitôt après et, dans tous les cas, avant le 15 février 1900, ils fourniront, pour leurs ouvrages, une notice contenant les nom et prénoms de l'auteur, le lieu et la date de sa naissance, le nom de ses maîtres, la mention de ses récompenses aux expositions de Paris, le sujet et les dimensions de l'ouvrage, enfin le nom du propriétaire. Cette notice sera conforme au modèle mis à la disposition des intéressés.

Art. 28. Une ou plusieurs commissions spéciales seront instituées par le Ministre de l'instruction publique et des beaux-arts, de concert avec le Ministre du commerce, de l'industrie, des postes et des télégraphes, sur la proposition du directeur des beaux-arts et après avis du Commissaire général, pour préparer l'Exposition centennale. Ces commissions, présidées par le directeur des beaux-arts, éliront parmi leurs membres un vice-président, un rapporteur et un ou plusieurs secrétaires.

Le Commissaire général arrêtera, sur leur proposition, la liste des ouvrages admis et délivrera les certificats d'admission, par l'intermédiaire du directeur des beaux-arts.

b. Produits industriels ou agricoles et objets divers autres que les œuvres d'art.

Art. 29. Les produits industriels ou agricoles, et d'une manière générale tous les objets rentrant dans la classification annexée au présent règlement, sont admissibles à l'Exposition contemporaine, sauf les exceptions et réserves mentionnées à l'article suivant.

Art. 30. Sont exclues les matières dangereuses, notamment les matières fulminantes ou détonantes.

Ne seront reçus que dans des vases solides, appropriés et de dimensions restreintes, les esprits ou alcools, les huiles et les essences, les matières corrosives, et généralement les corps qui peuvent altérer les autres produits exposés ou incommoder le public.

Les amorces, les pièces d'artifice, les allumettes chimiques et autres objets analogues ne pourront être admis qu'à l'état d'imitation et sans aucune addition de matière inflammable.

Art. 31. Les demandes d'admission seront conformes aux modèles arrêtés par le Commissaire général.

Des formules imprimées seront mises gratuitement à la disposition du public : 1° à Paris, au Commissariat général (Direction générale de l'exploitation), au tribunal de commerce et à la chambre de commerce; 2° dans les départements, aux préfectures, sous-préfectures, chambres de commerce, tribunaux de commerce, chambres consultatives des arts et manufactures, ainsi qu'aux sièges des comités départementaux; 3° aux autres lieux de distribution qui seraient ultérieurement déterminés.

ART. 32. Les constructeurs d'appareils exigeant l'emploi de l'eau, du gaz ou de la vapeur devront déclarer, dans leur demande d'admission, la quantité d'eau, de gaz ou de vapeur qui leur sera nécessaire.

Ceux qui voudront mettre des machines en mouvement indiqueront la vitesse propre de chacune de ces machines et la force motrice dont elle aura besoin.

ART. 33. Les demandes d'admission des producteurs français devront être remises au Commissariat général (Direction générale de l'exploitation) avant le 1ᵉʳ février 1899.

Celles de Paris et du département de la Seine seront envoyées directement au Commissariat général (Direction générale de l'exploitation); celles des départements autres que celui de la Seine le seront par l'intermédiaire des comités départementaux.

ART. 34. Les demandes seront soumises, par classe, à l'examen de *comités d'admission*. Ces comités, nommés par le Ministre du commerce, de l'industrie, des postes et des télégraphes, sur la proposition du Commissaire général, éliront parmi leurs membres un président, un vice-président, un rapporteur et un secrétaire.

Pour chaque groupe, les présidents réunis des comités de classe formeront un *comité de groupe,* qui élira son président et désignera comme secrétaire l'un des secrétaires de classe du groupe. Ce comité connaîtra des questions communes aux différentes classes, et notamment des difficultés concernant la répartition des espaces ou l'attribution des objets à exposer. Les rapporteurs des comités de classe assisteront à ses séances avec voix consultative.

Il est institué un *Comité supérieur de revision,* qui comprendra : 1° un président, deux vice-présidents et deux secrétaires nommés par le Ministre du commerce, de l'industrie, des postes et des télégraphes sur la proposition du Commissaire général, en dehors des membres des comités d'admission; 2° les présidents de tous les comités de groupe. Ce comité connaîtra des difficultés entre les groupes et sera, en outre, chargé de dresser la liste définitive des exposants admis. Les secrétaires des comités de groupe assisteront à ses séances avec voix consultative.

Le Commissaire général et les directeurs généraux de l'exploitation ou les fonctionnaires délégués par ces directeurs généraux pourront assister aux séances des comités de classe, des comités de groupe et du Comité supérieur de revision.

Accessoirement à leur rôle principal, les comités d'admission auront à remplir, pour le département de la Seine, les fonctions de comité départemental.

ART. 35. La liste définitive des exposants à admettre sera remise au Commissariat général (Direction générale de l'exploitation), le 15 février 1899 au plus tard.

Aussitôt après, les intéressés recevront de la Direction générale de l'exploitation avis de leur admission provisoire. Toutefois cette admission ne deviendra définitive et les certificats ne seront délivrés que lorsqu'un accord sera intervenu entre les exposants et les comités d'installation au sujet de la répartition des espaces et du payement des dépenses incombant à ces comités.

ART. 36. L'admission des objets à exposer par les administrations publiques dans les pavillons spéciaux construits au moyen des ressources de leur budget sera prononcée par la Direction générale de l'exploitation, qui devra être saisie des demandes avant le 16 février 1899.

ART. 37. L'admission des objets à l'exposition des colonies ou des pays placés sous le protectorat de la France sera prononcée par la Direction générale de l'exploitation, sur la proposition du délégué officiel représentant ces colonies ou ces pays de protectorat, quand ils devront prendre place dans des pavillons spéciaux. Aucune proposition ne sera recevable après le 15 février 1899.

Pour les objets qui devraient être exceptionnellement incorporés à l'exposition générale de la classe correspondante, la procédure d'instruction des demandes d'admission sera la même que pour les produits de la métropole. Les demandes seront remises au Commissariat général (Direction générale de l'exploitation), avant le 1er février 1899, par l'intermédiaire du délégué officiel.

ART. 38. L'admission des produits étrangers sera prononcée par la Direction générale de l'exploitation, sur la proposition du commissaire délégué de la nation à laquelle appartiendra l'exposant. Aucune proposition ne sera recevable après le 15 février 1899.

Pour les objets qui devraient exceptionnellement prendre place dans l'exposition générale de la classe, la Direction générale de l'exploitation devra être saisie, avant le 1er février 1899, de la proposition du commissaire délégué et prendre l'avis du comité d'admission.

Art. 39. Les demandes émanant des pays qui n'auraient pas de commissaire délégué seront présentées et instruites dans les mêmes formes que les demandes relatives aux produits français.

Art. 40. Les comités d'admission prépareront, chacun pour sa classe, l'organisation de l'Exposition centennale.

Sur leur proposition, la Direction générale de l'exploitation arrêtera la liste des objets admis et délivrera les certificats d'admission.

TITRE V.

EXPÉDITION, RÉCEPTION, INSTALLATION ET RÉEXPÉDITION
DES ŒUVRES ET PRODUITS.

a. Œuvres d'art.

Art. 41. Les ouvrages admis devront être déposés, du 15 au 20 février 1900, dans le Palais destiné à les recevoir.

Un arrêté du Commissaire général déterminera les règles de détail relatives à l'entrée et à la sortie des œuvres d'art.

Art. 42. Pour l'Exposition contemporaine, tous les frais d'emballage, de transport, de déballage, de conservation des caisses, de réemballage et de réexpédition seront à la charge des exposants.

L'Administration des beaux-arts pourra prendre ces frais à son compte pour l'Exposition centennale.

Art. 43. L'installation des ouvrages admis, la décoration des salles et le gardiennage intérieur du Palais seront assurés et payés par l'Administration des beaux-arts.

Tout arrangement spécial que les commissaires étrangers obtiendraient l'autorisation de réaliser, en dehors de l'aménagement prévu, demeurerait à leur charge.

Art. 44. Aucun ouvrage ne pourra être retiré avant la clôture de l'Exposition sans une autorisation spéciale délivrée par le Commissaire général sur la proposition du directeur des beaux-arts.

Art. 45. Les ouvrages exposés devront être enlevés dans le mois qui suivra la clôture de l'Exposition.

b. Produits industriels ou agricoles et objets divers autres que les œuvres d'art.

Art. 46. Les objets admis seront introduits dans l'Exposition, du 1ᵉʳ décembre 1899 au 28 février 1900.

Des arrêtés du Commissaire général fixeront les règles de détail relatives à l'entrée, à l'installation et à la sortie de ces objets.

Les exposants seront avisés en temps utile des réductions de tarifs qui seraient consenties par les compagnies de chemins de fer et par les entreprises de navigation maritime pour le transport des objets, soit à l'aller, soit au retour.

Art. 47. Aucun loyer ne sera exigé des exposants pour les emplacements qu'ils occuperont dans les palais et pavillons construits par l'Administration de l'Exposition.

L'eau, le gaz, la vapeur et la force motrice nécessaires au fonctionnement des appareils exposés seront fournis gratuitement. Mais les exposants devront établir à leurs frais les branchements sur les conduites de distribution d'eau, de gaz ou de vapeur, ainsi que les transmissions intermédiaires destinées à recueillir la force motrice sur les arbres de transmission générale.

Art. 48. Pour l'Exposition contemporaine, les exposants auront à supporter tous les frais d'emballage, de transport, de déballage, de conservation des caisses, d'installation, de réemballage et de réexpédition.

Les frais d'installation comprennent l'établissement des planchers, en dehors des chemins de circulation générale, ainsi que la fourniture, la pose, la garniture et la décoration des cloisons séparatives, des portiques, des velums ou faux plafonds, des vitrines et des meubles d'exposition, le tout d'après les plans adoptés par la Direction générale de l'exploitation. En ce qui concerne les planchers, cloisons et velums ou faux plafonds, l'Administration se réserve, dans un intérêt d'homogénéité et d'économie, d'exécuter elle-même tout ou partie des travaux, pour le compte des comités de classe, des administrations publiques et des commissions étrangères, qui auront à pourvoir au payement des dépenses ainsi faites.

Un crédit spécial pourra être mis par le Ministre du commerce, de l'industrie, des postes et des télégraphes à la disposition du Commissaire général, afin d'exonérer des exposants ouvriers de leur part dans les frais généraux d'installation de la classe.

Pour l'Exposition centennale, l'Administration de l'Exposition pourra prendre à son compte tout ou partie des frais définis au présent article.

Aʀᴛ. 49. Aucune construction particulière ne pourra être élevée par les exposants sans que les projets de construction et d'aménagement intérieur aient été approuvés par l'Administration de l'Exposition.

Les terrassements et les plantations aux abords devront être également autorisés; la dépense en sera supportée par les exposants.

Aʀᴛ. 50. Il sera institué, pour chaque classe des groupes autres que celui des œuvres d'art, un *comité d'installation* de l'exposition française contemporaine, chargé : 1° de répartir les espaces entre les exposants, conformément aux décisions du comité d'admission; 2° de dresser et de soumettre à la Direction générale de l'exploitation les plans d'installation et de décoration; 3° d'en assurer l'exécution et de pourvoir à l'entretien ainsi qu'au gardiennage; 4° de répartir les dépenses entre les intéressés et de percevoir les cotisations, sans aucune intervention de l'Administration.

Le bureau du comité d'admission sera de droit celui du comité d'installation, qui comprendra en outre : 1° quatre membres exposants du comité d'admission, nommés par le Ministre du commerce, de l'industrie, des postes et des télégraphes, sur la proposition du Commissaire général; 2° quatre membres pris parmi les exposants admis provisoirement et élus par ces derniers. Seront éligibles, au même titre que les autres exposants, les membres du comité d'admission. Pour certaines classes, le nombre de quatre pourra être exceptionnellement augmenté ou réduit par décision spéciale du Ministre, sur la proposition du Commissaire général.

Un trésorier sera élu dans le sein du comité. L'élection pourra porter sur le secrétaire de la classe.

Les comités d'installation désigneront un architecte ou un ingénieur auquel sera confié le soin d'exécuter les travaux collectifs sous la surveillance et le contrôle des agents de l'Administration, et qui devra être agréé par le Commissaire général, sur la proposition de la Direction générale de l'exploitation.

Ils seront formés de manière à entrer en fonctions dès le 1ᵉʳ mars 1899.

Les *comités de groupe* et le *Comité supérieur de revision*, institués par l'article 34 du présent décret, connaîtront respectivement des questions communes aux classes ou aux groupes.

Le Commissaire général et les directeurs généraux de l'exploitation ou les fonctionnaires délégués par ces directeurs généraux pourront assister aux séances des comités de classe, des comités de groupe et du Comité supérieur de revision.

Aʀᴛ. 51. Par dérogation au deuxième paragraphe du précédent article, les comités d'admission du groupe de l'horticulture, qui auraient à rester en fonctions pendant la durée de l'Exposition pour prononcer sur l'admission aux concours temporaires, rempliront le rôle de comités d'installation.

Aʀᴛ. 52. Les administrations publiques et les commissions étrangères feront elles-mêmes leurs installations dans les pavillons spéciaux qu'elles auront élevés ou dans les parties des palais généraux qui leur auront été spécialement affectées. Elles devront soumettre leurs plans d'ensemble à l'agrément de la Direction générale de l'exploitation.

Pour les objets destinés à prendre place dans les pavillons spéciaux des colonies ou des pays de protectorat, l'installation sera effectuée dans les mêmes conditions par les délégués officiels représentant ces colonies ou pays de protectorat.

Aʀᴛ. 53. Les objets venant de pays qui n'auraient pas de commissaire délégué et les autres produits étrangers qui devraient être exceptionnellement incorporés à l'exposition générale de la classe correspondante seront installés par les comités au même titre que les produits français.

Aʀᴛ. 54. Les comités d'installation de l'exposition française contemporaine seront chargés, conjointement avec la Direction générale de l'exploitation, de préparer les plans et d'assurer l'organisation de l'Exposition centennale.

Aʀᴛ. 55. Tous les produits seront exposés sous le nom du signataire de la demande d'admission. Cette condition est de rigueur.

Les exposants sont autorisés à inscrire, à la suite de leur nom ou de leur raison sociale, les noms des coopérateurs de tout genre et de tout grade qui auraient contribué au mérite des objets exposés.

Aʀᴛ. 56. Pour faciliter le travail d'appréciation du jury et pour édifier le public, les exposants sont expressément invités à indiquer le prix marchand des objets exposés dans les sections contemporaines.

Art. 57. Les exposants de produits incommodes ou insalubres devront se conformer en tout temps aux mesures qui leur seront prescrites par le Commissariat général dans l'intérêt de l'hygiène, de la salubrité et de la sécurité publiques.

Art. 58. A toute époque, la Direction générale de l'exploitation pourra faire retirer les objets qui, par leur nature ou par leur aspect, lui paraîtraient nuisibles ou incompatibles avec le but ou les convenances de l'Exposition.

Art. 59. Aucun objet ne pourra être enlevé avant la clôture de l'Exposition sans une autorisation spéciale délivrée par la Direction générale de l'exploitation.

Cette interdiction ne s'appliquera pas aux produits que certains exposants seraient autorisés à fabriquer sous les yeux des visiteurs.

Art. 60. Les produits exposés, ainsi que les installations et constructions de toute nature, devront être enlevés au plus tard dans un délai de six semaines à compter de la clôture de l'Exposition.

Passé ce délai, l'Administration y procédera d'office aux frais et risques des exposants. Elle consignera, à leur compte, les objets et matériaux dans un magasin public.

Faute de retrait et de remboursement des débours faits par l'Administration, avant le 30 juin 1901, les objets et matériaux ainsi consignés seront vendus publiquement; le produit net de la vente sera versé dans les caisses de l'Assistance publique.

TITRE VI.

RÉGIME AU POINT DE VUE DES DOUANES,
DES CONTRIBUTIONS INDIRECTES ET DE L'OCTROI.

a. **Douanes** [1].

Art. 61. Les locaux affectés à l'Exposition universelle de 1900 sont constitués en entrepôt réel des douanes.

[1] Extrait du décret du 28 juillet 1894.

Art. 62. Les produits étrangers destinés à l'Exposition peuvent entrer en France par tous les bureaux ouverts au transit.

Ils doivent être accompagnés d'un bulletin de l'expéditeur, annexé à l'acquit de transit, et indiquant leur nature, leur espèce, leur poids, ainsi que leur origine.

Art. 63. Les envois sont expédiés directement sur les locaux de l'Exposition, sous les conditions du transit international ou du transit ordinaire, au choix des intéressés.

Ils sont exonérés du droit de statistique.

L'expédition par transit international ou ordinaire a lieu sans visite à la frontière.

Les plombs sont apposés gratuitement.

Art. 64. Les produits étrangers reçus dans les locaux de l'Exposition sont pris en charge, conformément aux règles applicables en matière d'entrepôt, par le service spécial des douanes attaché à l'Exposition.

Ceux qui seraient livrés ultérieurement à la consommation ne supporteront, quelle que soit leur origine, que les droits applicables aux produits similaires de la nation la plus favorisée.

Art. 65. Les objets fabriqués dans l'enceinte de l'Exposition avec des matières d'origine étrangère importées sous le régime de douane ne sont assujettis à d'autres droits que ceux afférents à la matière importée et mise en œuvre.

b. **Contributions indirectes** [1].

Art. 66. Les produits français passibles de taxes perçues par l'administration des Contributions indirectes (boissons, produits divers à base d'alcool, vinaigres, huiles, bougies, cierges, sucres, etc.) sont expédiés vers l'Exposition sous des acquits-à-caution spéciaux et placés sous le régime du transit et de l'entrepôt.

Ces produits ne subissent aucune vérification et n'acquittent aucun droit aux entrées de Paris. Ils sont escortés gratuitement par le service de l'octroi jusqu'à destination.

Art. 67. La fabrication des tabacs au moyen des machines et appareils exposés peut être autorisée à titre de démonstration du fonctionnement de

---

[1] Extrait du décret du 28 juillet 1894.

ces machines et appareils, sous la réserve expresse que les produits ainsi obtenus acquitteront les droits fixés par la loi, et sous les autres conditions à déterminer par un règlement ultérieur.

Art. 68. Les ouvrages d'or et d'argent de fabrication française peuvent être dirigés sur l'Exposition sans être revêtus des marques légales.

Pour bénéficier de cette disposition, les exposants doivent préalablement faire parvenir au chef du service de la garantie, à Paris, une liste détaillée par nombre et par poids de ces ouvrages, et prendre l'engagement de représenter les objets, lors de la clôture de l'Exposition, aux contrôleurs de la garantie chargés de la surveillance.

c. **Octroi.**

Art. 69. Les produits français passibles de taxes d'octroi sont placés sous le régime de l'entrepôt.

Ces produits ne subissent aucune vérification et n'acquittent aucun droit aux entrées de Paris. Ils sont escortés gratuitement par le service de l'octroi jusqu'à destination.

TITRE VII.

PROTECTION DES OBJETS EXPOSÉS.

Art. 70. Aucune œuvre d'art, aucun produit exposé dans les palais, les parcs ou les jardins, ne pourra être dessiné, copié ou reproduit, sous une forme quelconque, sans une autorisation de l'exposant visée par la Direction générale de l'exploitation.

Toutefois le Commissaire général pourra autoriser la reproduction des vues d'ensemble.

Art. 71. Dans les délais et les conditions déterminés par la loi du 23 mai 1868 sur la garantie des inventions susceptibles d'être brevetées et des dessins de fabrique, les exposants jouiront des droits et immunités qu'accorde cette loi.

Art. 72. L'Administration prendra des mesures pour protéger contre toute avarie les objets exposés.

Néanmoins elle ne sera en aucun cas responsable des incendies ou des autres accidents dont les objets figurant aux sections contemporaines auraient à souffrir, quelles que soient la cause et l'importance du dommage. Les exposants auront à assurer leurs produits, directement et à leurs frais, s'ils jugent à propos de le faire.

L'Administration assume, au contraire, la responsabilité des avaries pour les objets admis aux sections rétrospectives, mais seulement jusqu'à concurrence des sommes qui auront été fixées d'un commun accord avec les exposants et inscrites au certificat d'admission.

ART. 73. Bien que repoussant toute responsabilité pour les vols et détournements qui pourraient être commis, l'Administration de l'Exposition organisera une surveillance générale destinée à prévenir ces délits.

En dehors de cette surveillance générale, les comités d'installation, les délégués des administrations publiques et les commissaires étrangers auront à pourvoir au gardiennage de leurs salles.

Les gardiens ainsi institués devront être agréés par la Direction générale de l'exploitation, qui pourra exiger leur révocation dans le cas où ils manqueraient à leurs devoirs, et même prononcer d'office cette révocation s'ils étaient surpris en état d'ivresse ou s'ils commettaient un acte d'improbité.

Ces agents seront en même temps chargés du nettoyage des salles. Ils porteront un uniforme ou des emblèmes distinctifs et seront notamment revêtus, dans la section française, d'insignes indiquant le numéro de la classe confiée à leur surveillance.

En toute circonstance, les gardiens pourront requérir l'assistance de la police. Les gardiens français prêteront, le cas échéant, leur concours aux gardiens étrangers.

Ils devront, les uns et les autres, obéissance au personnel de l'Administration de l'Exposition pour tout ce qui concerne l'application et l'observation des règlements d'ordre intérieur.

Un arrêté du Commissaire général fixera les règles de détail relatives au gardiennage et au nettoyage des salles et locaux d'exposition.

TITRE VIII.
CATALOGUE DES OEUVRES ET PRODUITS EXPOSÉS.

ART. 74. Il sera dressé, en langue française, un catalogue méthodique et complet des œuvres et produits de toutes les nations, avec indication du nom des exposants et des places occupées dans les palais, parcs ou jardins.

Des décisions ultérieures prises par le Ministre du commerce, de l'industrie, des postes et des télégraphes, sur la proposition du Commissaire général, régleront le mode de publication de ce catalogue et fixeront le nombre de lignes accordées aux exposants.

Art. 75. Chaque nation aura le droit d'imprimer et de publier à ses frais, risques et périls, un catalogue spécial des produits exposés dans sa section.

L'Administration réglementera la vente des catalogues de cette nature dans l'enceinte de l'Exposition et percevra une redevance à son profit.

TITRE IX.

RÉCOMPENSES AUX EXPOSANTS. — DIPLÔMES COMMÉMORATIFS

a. **Organisation et opérations du jury international.**

Art. 76. L'appréciation et le jugement des œuvres et produits faisant partie de l'Exposition contemporaine seront confiés à un jury international qui comportera trois degrés de juridiction : *jurys de classe, jurys de groupe, jury supérieur.*

Art. 77. Les *jurys de classe* se composeront de membres titulaires et de membres suppléants. Ceux-ci n'auront voix délibérative que lorsqu'ils occuperont la place de jurés titulaires absents.

Pour l'ensemble des classes, le nombre total des membres titulaires français ou étrangers sera réglé au soixantième environ du nombre des exposants. Le nombre total des membres suppléants français ou étrangers ne pourra être supérieur au tiers du nombre des membres titulaires.

Dans chaque classe, le nombre des membres titulaires pour chaque branche d'art ou d'industrie et pour chaque nationalité sera, autant que possible, proportionnel au nombre des exposants et à l'importance des expositions.

La désignation des jurés français titulaires ou suppléants sera préparée par le Commissaire général avec le concours des directeurs généraux de l'exploitation et du directeur des beaux-arts pour le groupe des œuvres d'art, et faite par décret sur la proposition du Ministre du commerce, de l'industrie, des postes et des télégraphes, concertée avec le Ministre de l'instruction publique et des beaux-arts, pour le groupe des œuvres d'art. Ils seront choisis dans les grands corps de l'État, les académies, les grandes administrations, les corps constitués, et, pour le plus grand nombre, parmi les personnes ayant obtenu, comme exposants ou comme jurés nommés par le Gouvernement français, de hautes récompenses aux Expositions universelles internationales de Paris, Londres, Vienne, Philadelphie, Sydney, Melbourne, Amsterdam, Anvers, Barcelone, Bruxelles et Chicago.

Les jurés étrangers titulaires ou suppléants seront désignés, pour chaque nationalité, par les commissaires de leur pays, qui devront avoir fait connaître leurs choix au Commissaire général avant l'ouverture de l'Exposition.

Chaque jury de classe élira son bureau composé d'un président, d'un vice-président, d'un rapporteur et d'un secrétaire. Le président et le vice-président devront être de nationalités différentes : l'un français, l'autre étranger.

Sauf pour le groupe des œuvres d'art, les jurys de classe auront la faculté de s'adjoindre, à titre d'associés ou d'experts, une ou plusieurs personnes compétentes sur quelques-unes des matières soumises à leur examen. Ces associés ou experts pourront être pris parmi les jurés titulaires ou suppléants d'une classe quelconque et parmi les hommes de la spécialité requise, en dehors du jury. Ils devront être agréés par le Commissaire général sur la proposition de la Direction générale de l'exploitation, ne prendront part aux travaux du jury que pour l'objet spécial de leur convocation et auront seulement voix consultative.

Deux jurys de classe pourront être réunis par décision du Commissaire général pour le jugement d'objets déterminés, quand cette réunion sera utile à l'accomplissement de leur mission.

ART. 78. Les *jurys de groupe* comprendront : 1° un président, deux ou trois vice-présidents et un secrétaire, qui pourront être choisis en dehors des jurys de classe et dont la désignation, préparée par le Commissaire général avec le concours des directeurs généraux de l'exploitation et du directeur des beaux-arts pour le groupe des œuvres d'art, sera faite par décret sur la proposition du Ministre du commerce, de l'industrie, des postes et des télégraphes, concertée avec le Ministre de l'instruction publique et des beaux-arts pour le groupe des œuvres d'art; 2° les présidents, vice-présidents et rapporteurs des jurys de classe.

Art. 79. Un décret ultérieur fixera la composition du *jury supérieur* et en désignera les membres ainsi que le bureau.

Ce jury aura pour président d'honneur le Ministre du commerce, de l'industrie, des postes et des télégraphes, et pour vice-présidents d'honneur le Ministre de l'instruction publique et des beaux-arts, le Ministre de l'agriculture et le Commissaire général.

En feront partie de droit les présidents et vice-présidents des jurys de groupe, les commissaires délégués des pays qui compteront plus de 500 exposants inscrits au catalogue, les membres du Comité supérieur de revision, le directeur général et le directeur général adjoint de l'exploitation, les autres directeurs et le secrétaire général de l'Exposition, le directeur des beaux-arts, le directeur de l'agriculture et le délégué de l'Administration des colonies à l'Exposition.

Art. 80. Le Commissaire général et les directeurs généraux de l'exploitation seront chargés de préparer et de diriger les travaux du jury international. Ils veilleront à l'observation des règlements, s'assureront que les œuvres et produits d'aucun exposant n'ont échappé à l'examen du jury, recevront les observations et les réclamations des exposants à cet égard.

Pour l'accomplissement de cette tâche, le Commissaire général, les directeurs généraux de l'exploitation ou les fonctionnaires délégués par ces directeurs généraux auront entrée à toutes les séances des jurys de classe et des jurys de groupe, mais seulement afin de rappeler les faits et les dispositions réglementaires.

Art. 81. Chaque jury de classe procédera à l'examen des objets exposés et dressera : 1° une liste des exposants mis hors concours par application de l'article 89; 2° une liste, par ordre de mérite et sans distinction de nationalités, des récompenses qu'il propose de décerner aux exposants; 3° une liste semblable à la précédente pour les collaborateurs, ingénieurs, contremaîtres et ouvriers qui se seraient distingués particulièrement dans la production d'objets remarquables figurant à l'Exposition.

Pour les industries d'art, la liste des exposants à récompenser sera divisée en deux sections : l'une consacrée aux auteurs des dessins, cartons, maquettes, etc.; l'autre consacrée aux industriels.

Des sections distinctes seront également affectées au matériel ou aux procédés de production et aux produits, quand ces divers éléments se trouveront réunis dans une même classe.

Les listes, certifiées par les membres du bureau, seront remises au Commissariat général (Direction générale de l'exploitation) le 30 juin au plus tard, faute de quoi elles seraient établies d'office par le jury de groupe.

Art. 82. Chaque jury de groupe revisera les listes préparées par les jurys de classe et s'efforcera notamment d'assurer l'unité et l'harmonie dans l'attribution des récompenses.

Il s'adjoindra successivement chacun des jurys de classe pour les délibérations qui le concerneront.

Les listes revisées par les jurys de groupe seront remises au Commissariat général (Direction générale de l'exploitation) le 31 juillet au plus tard, faute de quoi il y serait pourvu d'office par le jury supérieur.

Art. 83. Le jury supérieur arrêtera en dernier ressort les listes, par ordre de mérite, des récompenses décernées aux exposants et collaborateurs dans chaque classe.

Ses travaux seront conduits de telle sorte que la distribution solennelle des récompenses puisse avoir lieu à la fin du mois d'août ou au commencement du mois de septembre.

Art. 84. Pour les expositions temporaires et concours auxquels donneront lieu les groupes de l'agriculture, de l'horticulture et des aliments, les opérations du jury international se poursuivront pendant toute la durée de l'Exposition.

Les jurys de classe dresseront des listes spéciales de propositions à la fin de chaque exposition temporaire ou de chaque concours.

Ces listes seront revisées et arrêtées en dernier ressort par les jurys de groupe, après la clôture de la série des expositions temporaires ou des concours du groupe.

Le jury supérieur n'interviendra qu'exceptionnellement dans le cas prévu par l'article 93.

Art. 85. Les délibérations du jury international à tous les degrés seront tenues rigoureusement secrètes.

Art. 86. Chacun des rapporteurs de jury de classe devra remettre au Commissaire général, dans le délai maximum de six mois après la clôture de l'Exposition, un rapport signalant les faits principaux constatés par le jury, relatant les progrès accomplis depuis 1889 et mettant en lumière la situation générale de la production à la fin du xixe siècle.

Les rapports particuliers des classes seront rédigés et publiés sous la direction du Commissaire général et d'un rapporteur général désigné sur sa proposition, dès le début de l'Exposition, par le Ministre du commerce, de l'industrie, des postes et des télégraphes.

ART. 87. Le Gouvernement publiera une liste officielle des récompenses.

b. Récompenses. Diplômes commémoratifs.

ART. 88. Les récompenses aux exposants de l'Exposition contemporaine et à leurs collaborateurs seront décernées sous forme de diplômes signés par le Ministre du commerce, de l'industrie, des postes et des télégraphes, et par le Commissaire général. Elles se répartiront entre les catégories suivantes :

Diplômes de grand prix ;
Diplômes de médaille d'or ;
Diplômes de médaille d'argent ;
Diplômes de médaille de bronze ;
Diplômes de mention honorable.

ART. 89. Seront mis hors de concours, pour les récompenses, les exposants qui auront accepté les fonctions de juré, soit comme titulaires, soit comme suppléants.

Cette règle s'appliquera aux sociétés exposantes qui seraient représentées dans le jury soit par un administrateur, soit par un agent de quelque ordre que ce soit faisant partie de leur personnel permanent.

Les administrations publiques concourront aux récompenses, alors même que les fonctions de juré auraient été attribuées à l'un de leurs fonctionnaires.

ART. 90. Les exposants adjoints au jury en qualité d'associés ou d'experts seront hors concours pour la classe dans laquelle ils auront opéré.

ART. 91. Les producteurs exposant des objets différents dans plusieurs classes pourront recevoir des récompenses pour chacune de ces classes. Mais la pluralité des récompenses dans une même classe sera interdite.

Quand un même objet aura été apprécié par plusieurs jurys, l'exposant ne recevra que la récompense la plus élevée.

ART. 92. L'utilisation commune de vitrines ou autres meubles par plusieurs exposants n'empêchera pas ces exposants de concourir chacun pour la distribution des récompenses quand ils auront exposé à titre personnel et individuel.

Il ne sera attribué qu'une récompense aux expositions collectives. Toutefois, lorsque ces expositions seront plurinominales, chacun des membres participants recevra un diplôme portant tous les noms.

Le jury aura le droit de réunir en collectivités un certain nombre d'exposants, dans les groupes de l'agriculture, de l'horticulture et des aliments, et d'attribuer un diplôme unique aux personnes morales représentant ces groupements.

Art. 93. Bien que des récompenses spéciales doivent être instituées par les règlements spéciaux sur les expositions temporaires ou concours, les exposants du groupe de l'horticulture qui auront participé d'une manière suivie aux concours temporaires de ce groupe pourront être considérés comme des exposants permanents et obtenir l'une des récompenses définies à l'article 88.

Des propositions seront formulées en temps utile, à cet égard, par les jurys de classe et le jury de groupe. La décision appartiendra au jury supérieur ou à une délégation qu'il aura nommée dans ce but, si les concours ne sont pas clos avant la distribution générale des récompenses.

Les récompenses ainsi décernées postérieurement à cette distribution feront l'objet d'une liste supplémentaire.

Art. 94. Des diplômes commémoratifs, signés par le Ministre du commerce, de l'industrie, des postes et des télégraphes, et par le Commissaire général, pourront être décernés aux personnes qui auront prêté leur concours pour les expositions rétrospectives, ainsi qu'aux fonctionnaires ou agents de l'Exposition, aux membres des comités ou commissions et aux jurés.

TITRE X.

ENTRÉES.

Art. 95. Un règlement spécial des entrées à l'Exposition sera ultérieurement arrêté, sur la proposition du Commissaire général, par le Ministre du commerce, de l'industrie, des postes et des télégraphes, et par le Ministre des finances.

Les règles suivantes lui serviront de base.

Art. 96. Le prix normal qu'auront à payer les visiteurs, aux heures d'entrée générale, est fixé à 1 franc.

Des prix plus élevés seront perçus pour les entrées du matin. Il en sera de même pour les entrées du soir, sauf le dimanche et les jours qui seraient déterminés par des arrêtés spéciaux du Ministre du commerce, de l'industrie, des postes et des télégraphes, sur la proposition du Commissaire général.

Un tarif supérieur pourra également être mis en vigueur à des jours déterminés par décision spéciale du Ministre du commerce, de l'industrie, des postes et des télégraphes, sur la proposition du Commissaire général.

Art. 97. Des abonnements nominatifs et personnels pourront être institués soit pour toute la durée de l'Exposition, soit pour des périodes définies.

Art. 98. Chaque exposant dans les sections contemporaines aura droit à une carte d'entrée gratuite, nominative et personnelle, dont la validité pour les expositions temporaires sera restreinte à la durée de ces expositions. Les sociétés exposantes ne recevront qu'une seule carte.

A la demande de l'exposant, la carte pourra être délivrée au nom d'un représentant agréé par la Direction générale de l'exploitation, si la nature et l'importance des objets exposés paraissent à l'Administration comporter la présence assidue de ce représentant.

Les exposants pourront obtenir une ou plusieurs entrées gratuites pour les agents et ouvriers qu'ils emploieraient à l'entretien ou à la surveillance des objets exposés et dont la présence dans l'enceinte serait reconnue nécessaire par l'Administration.

La participation aux expositions rétrospectives ne donnera lieu à la délivrance d'une carte d'entrée gratuite que si l'Administration considère cette faveur comme justifiée par l'importance des objets exposés.

Art. 99. Des cartes de service seront attribuées aux membres de la Commission supérieure, aux fonctionnaires et agents du Commissariat général, aux représentants officiels des colonies françaises et des pays de protectorat, aux commissaires étrangers, aux membres des comités d'admission ou d'installation et du jury, ainsi qu'aux ingénieurs ou architectes chargés des installations.

La même mesure pourra être prise pour les membres des commissions d'organisation et des comités techniques ou administratifs institués auprès du Commissariat général.

Des entrées gratuites seront délivrées suivant les besoins du service aux concessionnaires, entrepreneurs, gardiens et ouvriers employés dans l'intérieur de l'Exposition.

ART. 100. Un certain nombre de cartes permanentes ou temporaires, mais toutes nominatives, seront mises à la disposition de la presse.

ART. 101. Il sera statué ultérieurement par le Ministre du commerce, de l'industrie, des postes et des télégraphes, après avis du Commissaire général, sur les entrées à prix réduit ou à titre gratuit qui pourraient être accordées à certaines catégories de visiteurs, dans l'intérêt du développement de l'éducation et de l'instruction publiques.

ART. 102. Des dispositions rigoureuses seront prises pour prévenir et empêcher les abus dans l'usage des cartes et des entrées gratuites ou à prix réduit.

TITRE XI.

CONCESSIONS.

ART. 103. Le Ministre du commerce, de l'industrie, des postes et des télégraphes pourra, sur la proposition du Commissaire général, autoriser des expositions particulières payantes, concéder des établissements de consommation ou de spectacle et accorder toutes autres concessions utiles à l'Exposition.

Ces autorisations et concessions seront soumises à redevance au profit du budget de l'Exposition.

ART. 104. Dans chaque cas, le cahier des charges spécifiera les règles relatives à la construction et à l'exploitation.

Les concessionnaires seront tenus, à toute époque, de se conformer aux injonctions qui leur seraient adressées par le Commissaire général dans l'intérêt de la sécurité, de la salubrité, de l'hygiène, de la décence et du bon ordre.

TITRE XII.

DISPOSITIONS ADMINISTRATIVES DIVERSES.

ART. 105. Aucune publicité par voie d'affiches, prospectus, etc., ne pourra être faite dans l'enceinte de l'Exposition par les exposants, par les concessionnaires ou par toute autre personne sans une autorisation régulière du Commissaire général et sans l'acquittement préalable des redevances qui seront exigées.

Art. 106. Les communications relatives à l'Exposition devront être adressées au Commissariat général, qui recevra ces correspondances en franchise conformément au décret du 24 octobre 1893.

Art. 107. Les Français et les étrangers, en acceptant la qualité d'exposant, se soumettent *ipso facto* aux dispositions du présent règlement et aux dispositions complémentaires qui seraient ultérieurement édictées par décret, par arrêté ministériel ou par arrêté du Commissaire général pour le bon ordre et la police de l'Exposition.

Art. 108. Le Ministre du commerce, de l'industrie, des postes et des télégraphes, et le Ministre de l'instruction publique et des beaux-arts sont chargés, chacun en ce qui le concerne, de l'exécution du présent décret, qui sera inséré au *Bulletin des lois* et publié au *Journal officiel* de la République française.

Fait à Paris, le 4 août 1894.

CASIMIR-PERIER.

Par le Président de la République:

Le Ministre de l'Instruction publique
et des Beaux-Arts,
G. LEYGUES.

Le Ministre du Commerce,
de l'Industrie, des Postes et des Télégraphes,
V. LOURTIES.

IV

CLASSIFICATION GÉNÉRALE

DES OBJETS EXPOSÉS

CLASSIFICATION GÉNÉRALE

DES OBJETS EXPOSÉS.

━━━◦⟶◦━━━

I

RAPPORT DU COMMISSAIRE GÉNÉRAL.

1. *Observations préliminaires.* — La classification des objets exposés constitue l'un des éléments les plus essentiels du succès des expositions universelles; c'est aussi l'une des parties les plus délicates de la tâche qui s'impose aux organisateurs de ces grandes manifestations pacifiques.

Il faut que les produits s'offrent aux visiteurs dans un ordre logique, que le classement réponde à une conception simple, nette et précise, qu'il porte en lui-même sa philosophie et sa justification, que l'idée mère s'en dégage sans peine.

Ce classement doit tout à la fois se prêter à une appréciation facile du mérite relatif des exposants, fournir le maximum d'effet utile au point de vue de l'instruction et de l'éducation du public, ne pas entraîner des sujétions excessives pour les travaux de construction et l'aménagement des galeries.

La multiplication des classes permet d'avoir des comités et des jurys plus exclusivement composés de spécialistes; mais on risque de perdre en indépendance et en largeur de vues ce que l'on gagne en compétence particulière; on complique aussi un mécanisme déjà fort difficile à mouvoir. D'ailleurs, la dispersion des objets rétrécit les horizons pour le public lui-même, fait disparaître les aperçus d'ensemble et ne laisse place qu'aux aperçus de détail. Un groupement trop condensé ne présente pas moins d'inconvénients : favorable aux études superficielles, il s'approprie mal aux études détaillées et rend fort malaisé le recrutement de jurys offrant les

IMPRIMERIE NATIONALE.

garanties voulues de compétence, alors surtout que l'activité humaine tend de plus en plus à se spécialiser. Des limites s'imposent donc à la réduction comme à l'augmentation du nombre des classes; il importe de savoir rester dans une juste moyenne.

Parmi les difficultés à vaincre, la plus redoutable peut-être résulte de ce que les diverses branches de la production artistique, industrielle ou agricole ont d'innombrables points de contact, s'entrelacent les unes les autres, se mêlent et se confondent. Ni les classes, ni même les groupes ne sauraient avoir un domaine parfaitement défini; souvent leurs frontières sont incertaines. Dans bien des cas, les objets ont un caractère mixte qui éveille des hésitations sur le choix de la catégorie à laquelle on devra les rattacher. Ils peuvent être appréciés, soit à raison de leurs qualités intrinsèques, soit à raison des usages dont ils sont susceptibles : c'est ainsi qu'une machine sera exposée, tantôt pour ses éléments et ses dispositions cinématiques, tantôt pour son emploi industriel. Ils peuvent encore constituer le produit d'une industrie déterminée et la matière première d'une autre industrie : le nombre est grand de ceux qui changent de classe ou même de groupe par des élaborations successives; pour ne citer qu'un exemple, la laine, produit de l'élevage du mouton, devient la matière première du fil, qui sert, à son tour, au tissage de l'étoffe destinée à faire des vêtements, des tentures ou des meubles. Or le public et le jury éprouvent un égal embarras à prononcer un jugement raisonné quand ils n'ont pas sous les yeux tous les éléments d'appréciation, quand l'objet est isolé de ses origines, de ses applications ou de ses usages. On y pourvoit en se résignant à des doubles emplois, en rapprochant les classes qui sont unies par des liens étroits, en autorisant les jurys à se prêter un mutuel concours : ces correctifs, parfois regrettables, n'ont pas toujours l'efficacité voulue.

Aux considérations qui viennent d'être brièvement esquissées, rien ne serait plus facile que d'en ajouter beaucoup d'autres. Mais elles suffisent à montrer combien l'œuvre est ardue, combien la perfection absolue est irréalisable. Toute classification qui ne soulève pas de trop vives critiques doit être réputée satisfaisante.

2. *Systèmes de classification appliqués dans les précédentes expositions universelles à Paris.* —— Avant d'indiquer et de justifier le système de classification qui a paru devoir être admis en 1900, il ne sera pas inutile de rappeler sommairement les dispositions appliquées dans les précédentes expositions

universelles, soit à Paris, soit à l'étranger. Étudions d'abord les expositions instituées en France.

Deux méthodes principales ont été envisagées et discutées par nos
devanciers.

L'une consiste à réunir les produits d'une région, d'une collectivité ou
d'un industriel. Elle a l'avantage de bien mettre en lumière l'ensemble des
forces productives de la contrée, du groupe ou de la maison qui expose.
Mais, poussée à l'extrême, elle cesse d'obéir à aucune pensée philosophique;
elle rend presque impossible la comparaison des objets similaires; elle
aboutit à une juxtaposition de produits bien plus qu'à une exposition rai-
sonnée.

L'autre méthode consiste à assembler les produits suivant leur nature,
leur destination, leur utilité, sans s'occuper de leur origine. Elle facilite
les études comparatives, les rapprochements entre les diverses nations, les
différentes contrées, les divers producteurs, pour des catégories détermi-
nées d'objets. A cet égard, elle est incontestablement plus instructive et
plus appréciée des visiteurs, dont l'attention se porte, dans la plupart
des cas, d'une manière spéciale sur telle ou telle branche de la production.

De ces deux méthodes, c'est la seconde qui a toujours prévalu. Néanmoins on a cherché autant que possible, surtout dans nos premières
expositions, à ne point compromettre l'appréciation d'ensemble de la production des divers pays et à réaliser des groupements matériels, grâce
auxquels les visiteurs pussent rapprocher, selon leur désir, soit tous les objets similaires sans distinction d'origine, soit une part plus ou moins importante des produits de toute nature exposés par un même pays.

Ce but a été admirablement atteint en 1867. Le palais, de forme ovoïde,
était divisé en zones concentriques, affectées aux groupes de produits similaires de tous les peuples, et en secteurs rayonnants, consacrés chacun
à une nation. En allant du milieu à la périphérie par l'un des secteurs,
on voyait successivement la série des objets exposés par un même pays;
au contraire, en suivant l'une des galeries concentriques, on pouvait étudier les produits d'un même groupe chez les différentes nations.

Malgré la substitution des formes rectilignes aux formes courbes, les
organisateurs de l'Exposition de 1878 ont fait les plus grands efforts en
vue de respecter, dans la mesure compatible avec les nécessités de la construction, le groupement matériel de 1867. Il suffisait de cheminer longi-

tudinalement pour rencontrer toutes les classes d'un même groupe, ou transversalement pour voir tous les groupes d'un même pays.

Les installations de 1889 ont été nécessairement moins satisfaisantes à cet égard : elles occupaient en effet des espaces beaucoup plus étendus et comportaient la division des galeries entre un certain nombre de palais distincts. Néanmoins les directeurs généraux ont encore cherché à suivre l'exemple de leurs devanciers, en réunissant les produits de chaque pays par groupe ou par série de groupes. Le principe du groupement par catégories a d'ailleurs subi certaines exceptions pour des peuples comme ceux de l'Amérique du Sud, qui ne pouvaient avoir une exposition réellement intéressante sans réunir tous leurs produits dans des pavillons spéciaux; il en a été de même pour nos colonies et pour certaines administrations publiques; quelques industriels ayant besoin de vastes emplacements ont obtenu aussi l'autorisation d'établir des bâtiments particuliers où étaient assemblés des objets de diverses catégories.

En 1855, la classification comprenait 8 groupes et 30 classes; on y avait adjoint une galerie de l'économie domestique, où se trouvaient exposés les objets à bas prix pour les emplois les plus usuels.

Les groupes étaient les suivants :

I. Industries ayant pour objet principal l'extraction ou la production des matières brutes (3 classes).

II. Industries ayant spécialement pour objet l'emploi des forces mécaniques (4 classes).

III. Industries spécialement fondées sur l'emploi des agents physiques et chimiques, ou se rattachant aux sciences et à l'enseignement (4 classes).

IV. Industries se rattachant spécialement aux professions savantes (3 classes).

V. Manufactures de produits minéraux (4 classes).

VI. Manufactures de tissus (5 classes).

VII. Ameublement et décoration, modes, dessin industriel, imprimerie, musique (4 classes).

VIII. Beaux-arts (3 classes).

M. Le Play, auteur de cette classification, écrivait dans une note justificative : « On a été conduit à grouper dans chaque industrie, non seulement les produits qu'elle livre au commerce, mais encore les matières premières qu'elle élabore et les instruments qu'elle emploie. Quant aux industries qui concourent successivement à l'élaboration d'un même produit,

on a rapproché celles qui, par la nature même des choses ou par la spécialité des personnes qui les dirigent, montrent des affinités intimes; on a,
au contraire, séparé celles qui s'exercent en général dans des lieux différents ou qui occupent des personnes de spécialité distincte. » L'éminent
commissaire général indiquait ensuite les tempéraments apportés aux principes du groupement, pour ne point multiplier outre mesure les subdivi-
sions, pour assurer la compétence des jurys ou pour rapprocher les appareils du moteur commun qui devait les mettre en action.

La classification de 1855 a été sévèrement jugée par M. Jules Simon,
dans son admirable introduction aux rapports du jury international de l'Exposition de 1878. Elle présentait, en effet, de graves anomalies et des
lacunes regrettables, surtout pour l'enseignement. Il est juste de reconnaître à sa décharge que l'ère des grandes expositions universelles venait
seulement de s'ouvrir et que l'on était encore dans la période des premiers
tâtonnements.

Plus rationnelle, la classification de 1867, également préparée par
M. Le Play, comptait 95 classes réparties en dix groupes :

I.   OEuvres d'art (5 classes).
II. Matériel et application des arts libéraux (8 classes).
III. Meubles et autres objets destinés à l'habitation (13 classes).
IV. Vêtements (tissus compris) et autres objets portés par la personne (13 classes).
V.   Produits bruts et ouvrés des industries extractives (7 classes).
VI. Instruments et procédés des arts usuels (20 classes).
VII. Aliments frais ou conservés, à divers degrés de préparation (7 classes).
VIII. Produits vivants et spécimens d'établissements de l'agriculture (9 classes).
IX. Produits vivants et spécimens d'établissements de l'horticulture (6 classes).
X.   Objets spécialement exposés en vue d'améliorer la condition physique et mo-
     rale de la population (7 classes).

Cette classification était basée tout à la fois sur des considérations philo-
sophiques relatives aux différents besoins de l'homme et sur les convenances de la distribution des objets dans les espaces disponibles. Elle dé-
veloppait la pensée qui avait présidé en 1855 à l'organisation d'une galerie
de l'économie domestique, élargissait le cadre antérieurement admis et
cherchait à mettre en relief tous les faits sociaux se rattachant à l'amélioration matérielle, intellectuelle et morale du plus grand nombre. On pouvait lui reprocher de ne faire encore que trop peu de place à l'enseigne-

ment. Sur l'exposition générale se greffaient une histoire du travail et plusieurs expositions spéciales. L'une des innovations, et non la moins curieuse, consistait en un concours ouvert « entre les établissements et localités qui avaient développé la bonne harmonie entre les personnes coopérant aux mêmes travaux et qui avaient assuré le bien-être matériel, intellectuel et moral ».

La classification de 1878, en grande partie calquée sur celle de 1867, comportait 90 classes partagées entre 9 groupes :

I.   Œuvres d'art (5 classes).
II.   Éducation et enseignement; matériel et procédés des arts libéraux (11 classes).
III. Mobilier et accessoires (13 classes).
IV.   Tissus, vêtements et accessoires (13 classes).
V.   Industries extractives; produits bruts et ouvrés (7 classes).
VI.   Outillage et procédés des industries mécaniques (19 classes).
VII. Produits alimentaires (7 classes).
VIII. Agriculture et pisciculture (9 classes).
IX.   Horticulture (6 classes).

Bien que différant peu de sa devancière, cette classification réalisait néanmoins certaines modifications importantes. Frappé du succès des expositions pédagogiques de Vienne et de Philadelphie, ainsi que des progrès considérables accomplis depuis 1867 dans l'organisation de l'enseignement public, M. Krantz, commissaire général, avait tenu à attribuer aux choses de l'éducation et de l'instruction une place plus large que dans les expositions françaises antérieures. Le groupe X de 1867 disparaissait comme faisant double emploi avec les autres éléments de l'Exposition et comme affirmant des distinctions sociales incompatibles avec l'état des mœurs et le régime républicain; en le supprimant, l'Administration n'éliminait pas les objets et produits dont il s'était composé dans l'exposition précédente, mais les reportait aux groupes correspondants.

Une exposition historique de l'art ancien et plusieurs expositions spéciales complétaient heureusement l'ensemble offert à l'admiration des visiteurs.

En 1889, on ne s'est pas très notablement écarté du programme de 1878. Les œuvres d'art et les produits de l'industrie ou de l'agriculture ont formé 87 classes et 9 groupes :

GROUPE I. *OEuvres d'art.* — Classe 1. Peintures à l'huile. — Classe 2. Peintures diverses et dessins. — Classe 3. Sculptures et gravures en médailles. — Classe 4. Dessins et modèles d'architecture. — Classe 5. Gravures et lithographies. — Classe 5 *bis.* Enseignement des arts du dessin.

GROUPE II. *Éducation et enseignement. Matériel et procédés des arts libéraux.* — Classe 6. Éducation de l'enfant; enseignement primaire; enseignement des adultes. — Classe 7. Organisation et matériel de l'enseignement secondaire. — Classe 8. Organisation, méthodes et matériel de l'enseignement supérieur. — Classes 6-7-8. Enseignement technique. — Classe 9. Imprimerie et librairie. — Classe 10. Papeterie, reliure; matériel des arts de la peinture et du dessin. — Classe 11. Application usuelle des arts du dessin et de la plastique. — Classe 12. Épreuves et appareils de photographie. — Classe 13. Instruments de musique. — Classe 14. Médecine et chirurgie; médecine vétérinaire et comparée. — Classe 15. Instruments de précision. — Classe 16. Cartes et appareils de géographie et de cosmographie; topographie.

GROUPE III. *Mobilier et accessoires.* — Classe 17. Meubles à bon marché et meubles de luxe. — Classe 18. Ouvrages du tapissier et du décorateur. — Classe 19. Cristaux, verrerie et vitraux. — Classe 20. Céramique. — Classe 21. Tapis, tapisseries et autres tissus d'ameublement. — Classe 22. Papiers peints. — Classe 23. Coutellerie. — Classe 24. Orfèvrerie. — Classe 25. Bronzes d'art, fontes d'art diverses, ferronnerie d'art, métaux repoussés. — Classe 26. Horlogerie. — Classe 27. Appareils et procédés de chauffage; appareils et procédés d'éclairage non électrique. — Classe 28. Parfumerie. — Classe 29. Maroquinerie, tabletterie, vannerie et brosserie.

GROUPE IV. *Tissus, vêtements et accessoires.* — Classe 30. Fils et tissus de coton. — Classe 31. Fils et tissus de lin, de chanvre, etc. — Classe 32. Fils et tissus de laine peignée; fils et tissus de laine cardée. — Classe 33. Soies et tissus de soie. — Classe 34. Dentelles, tulles, broderies et passementeries. — Classe 35. Articles de bonneterie et de lingerie; objets accessoires du vêtement. — Classe 36. Habillement des deux sexes. — Classe 37. Joaillerie et bijouterie. — Classe 38. Armes portatives; chasse. — Classe 39. Objets de voyage et de campement. — Classe 40. Bimbeloterie.

GROUPE V. *Industries extractives. Produits bruts et ouvrés.* — Classe 41. Produits de l'exploitation des mines et de la métallurgie. — Classe 42. Produits des exploitations et des industries forestières. — Classe 43. Produits de la chasse; produits, engins et instruments de la pêche et des cueillettes. — Classe 44. Produits agricoles non alimentaires. — Classe 45. Produits chimiques et pharmaceutiques. — Classe 46. Procédés chimiques de blanchiment, de teinture, d'impression et d'apprêt. — Classe 47. Cuirs et peaux.

GROUPE VI. *Outillage et procédés des industries mécaniques. Électricité.* — Classe 48. Matériel et procédés de l'exploitation des mines et de la métallurgie. — Classe 49. Matériel et procédés des exploitations rurales et forestières. — Classe 50. Matériel et procédés des usines agricoles et des industries alimentaires. — Classe 51. Matériel des arts chimiques, de la pharmacie et de la tannerie. — Classe 52. Machines et appareils de la mécanique générale. — Classe 53. Machines-outils. — Classe 54. Matériel et procédés de la filature et de la corderie. — Classe 55. Matériel et procédés du tissage. — Classe 56. Matériel et procédés de la couture et de la confection des vêtements. — Classe 57. Matériel et procédés de la confection des objets de mobilier et d'habitation. — Classe 58. Matériel et procédés de la papeterie, des teintures et des impressions. — Classe 59. Machines, instruments et procédés usités dans divers travaux. — Classe 60. Carrosserie et charronnage; bourrellerie et sellerie. — Classe 61. Matériel des chemins de fer. — Classe 62. Électricité. — Classe 63. Matériel et procédés du génie civil, des travaux publics et de l'architecture. — Classe 64. Hygiène et assistance publique. — Classe 65. Matériel de la navigation et du sauvetage. — Classe 66. Matériel et procédés de l'art militaire.

Groupe VII. *Produits alimentaires.* — Classe 67. Céréales; produits farineux avec leurs dérivés. — Classe 68. Produits de la boulangerie et de la pâtisserie. — Classe 69. Corps gras alimentaires, laitages et œufs. — Classe 70. Viandes et poissons. — Classe 71. Légumes et fruits. — Classe 72. Condiments et stimulants; sucres et produits de la confiserie. — Classe 73. Boissons fermentées.

Groupe VIII. *Agriculture, viticulture et pisciculture.* — Classe 73 *bis.* Agronomie; statistique agricole. — Classe 73 *ter.* Organisation, méthodes et matériel de l'enseignement agricole. — Classe 74. Spécimens d'exploitations rurales et d'usines agricoles. — Classe 75. Viticulture. — Classe 76. Insectes utiles et insectes nuisibles. — Classe 77. Poissons, crustacés et mollusques.

Groupe IX. *Horticulture.* — Classe 78. Serres et matériel de l'horticulture. — Classe 79. Fleurs et plantes d'ornement. — Classe 80. Plantes potagères. — Classe 81. Fruits et arbres fruitiers. — Classe 82. Graines et plants d'essences forestières. — Classe 83. Plantes de serre.

Un groupe supplémentaire était consacré à l'économie sociale et divisé en 16 sections :

1. Rémunération du travail. — 2. Participation aux bénéfices; associations coopératives de production. — 3. Syndicats professionnels. — 4. Apprentissage. — 5. Sociétés de secours mutuels. — 6. Caisses de retraite et rentes viagères. — 7. Assurances contre les accidents et sur la vie. — 8. Épargne. — 9. Associations coopératives de consommation. — 10. Associations coopératives de crédit. — 11. Habitations ouvrières. — 12. Cercles d'ouvriers; récréations et jeux. — 13. Hygiène sociale. — 14. Institutions diverses créées par les chefs d'exploitation en faveur de leur personnel. — 15. Grande et petite industrie; grande et petite culture. — 16. Intervention économique des pouvoirs publics.

Primitivement, l'Exposition universelle de 1889 devait avoir, dans toutes ses branches, un caractère centennal. Ce caractère n'a pu lui être maintenu que pour les beaux-arts.

A l'exposition générale se sont ajoutées des expositions spéciales telles que l'exposition rétrospective de l'art français, l'exposition rétrospective du travail et des sciences anthropologiques, l'exposition théâtrale, etc., ainsi que des concours d'animaux reproducteurs.

Nous reviendrons plus loin sur les critiques auxquelles a donné lieu la classification de 1889.

3. *Systèmes de classification appliqués dans les précédentes expositions universelles à l'étranger.* — Une revue complète des expositions universelles instituées à l'étranger dans la seconde moitié de ce siècle nous entraînerait beaucoup trop loin. Trois d'entre elles méritent une mention particulière : ce sont celles de Vienne (1873), de Philadelphie (1876) et de Chicago (1893).

A Vienne, abstraction faite de quelques expositions additionnelles ou temporaires, il y avait 26 groupes, comprenant ensemble 172 sections :

1. Exploitation des mines et métallurgie. — 2. Agriculture, culture de la vigne et des arbres fruitiers, horticulture, exploitation et industrie forestières. — 3. Arts chimiques. — 4. Substances alimentaires et de consommation comme produits de l'industrie. — 5. Industrie des matières textiles et confections. — 6. Industrie du cuir et du caoutchouc. — 7. Industrie des métaux. — 8. Bois ouvrés. — 9. Objets en pierre, industrie de la verrerie et de la céramique. — 10. Tabletterie, maroquinerie, bimbeloterie. — 11. Industrie du papier. — 12. Arts graphiques et dessins industriels. — 13. Machines, matériel de transport. — 14. Instruments de précision et de l'art médical. — 15. Instruments de musique. — 16. Art militaire. — 17. Marine. — 18. Matériel et procédés du génie civil, des travaux publics et de l'architecture. — 19. Types de l'habitation bourgeoise; ses dispositions intérieures, sa décoration, son ameublement. — 20. Types de l'habitation rurale; ses dispositions, ses ustensiles et son mobilier. — 21. L'industrie domestique nationale. — 22. Représentation de l'influence des musées des beaux-arts appliqués à l'industrie. — 23. Objets d'art pour les services religieux. — 24. Objets d'art des époques antérieures exposés par des amateurs et des collectionneurs. — 25. Beaux-arts. — 26. Éducation, enseignement, instruction.

La principale qualité de cette classification était d'ouvrir largement la porte à l'enseignement et à l'éducation, de représenter la culture intellectuelle sous toutes ses formes et à tous ses degrés, de montrer la pédagogie non seulement par son matériel, c'est-à-dire par ses livres, ses cartes, ses instruments, mais encore par ses méthodes et ses règlements.

Elle avait aussi l'avantage de mettre, pour chaque branche de l'activité humaine, les procédés et l'outillage de production avec les produits.

Le règlement de Philadelphie énumérait 340 classes, rattachées à 7 groupes :

1. Exploitation des mines et métallurgie. — 2. Produits manufacturés. — 3. Éducation et sciences. — 4. Beaux-arts. — 5. Machines. — 6. Agriculture. — 7. Horticulture.

Sous la rubrique du troisième groupe étaient rangés non seulement l'éducation et l'enseignement, mais la musique, l'art dramatique, les instruments de précision, les poids et mesures, les instruments et appareils d'optique, l'électricité, l'acoustique, le génie civil, le cadastre, les chemins de fer, le génie militaire, l'art naval, la topographie, les exercices physiques, l'alimentation, l'habitation, les systèmes commerciaux, les monnaies, les systèmes de gouvernement, les lois, l'assistance publique, les sociétés coopératives, les religions, etc.

Cet assemblage, inspiré par un sentiment très vif de ce qui fait la valeur de l'homme et la grandeur des peuples, eût cependant gagné à être moins hétérogène.

A Chicago, le numérotage des classes approchait du chiffre 1,000. Les objets exposés se répartissaient entre douze sections :

1. Agriculture; produits alimentaires; forêts; machines agricoles et leurs applications. — 2. Horticulture; arboriculture; viticulture. — 3. Animaux vivants : espèces domestiques et sauvages. — 4. Pêcheries, poissons et produits divers de la pêche, engins et appareils pour la pêche; pisciculture. — 5. Mines; métallurgie. — 6. Machines. — 7. Moyens de transport : chemins de fer; navigation; voitures. — 8. Industries diverses. — 9. Électricité. — 10. Beaux-arts : peinture, sculpture, architecture, gravure et dessin; arts décoratifs. — 11. Arts libéraux : enseignement, littérature, génie civil et travaux publics, musique, théâtre. — 12. Ethnologie, archéologie, histoire du travail, économie sociale.

Malgré ses qualités réelles, ce classement ne saurait être tenu pour un modèle à imiter. Il péchait notamment par l'extrême morcellement des classes.

4. *Critiques dirigées contre la classification de 1889.* — Revenons maintenant à la dernière classification française, celle de 1889, et récapitulons sommairement les critiques auxquelles elle a donné lieu.

La répartition des objets entre les groupes ou les classes laissait à désirer. Certaines branches de production étaient ou mal placées ou mor-

celées au grand détriment de leur exposition et de leur appréciation. Pourquoi mettre : la parfumerie dans le mobilier; les armes, les objets de
campement et la bimbeloterie dans le vêtement; les produits agricoles non
alimentaires dans les industries extractives; l'hygiène, l'assistance publique, l'art militaire dans la mécanique; les poissons, les crustacés et les
mollusques dans l'agriculture? Pourquoi séparer l'orfèvrerie et la bijouterie, industries jumelles qui emploient les mêmes matières, usent des
mêmes outils, ont la même origine? Pourquoi rattacher à plusieurs groupes
la chimie et les exploitations ou industries forestières? Pourquoi dissé-
miner la corderie dans les classes de l'exploitation des mines, de la mécanique générale, de la navigation?

Divers éléments de l'activité humaine n'avaient qu'une place insuffisante
par rapport à leur rôle dans la civilisation contemporaine. Tels, les arts
décoratifs, qui se trouvaient partout sans être nulle part en vedette; telle
aussi la chimie. Les traditions de 1867 s'étaient trop fidèlement per-
pétuées.

Plusieurs groupes ou classes embrassaient ainsi des produits n'ayant
entre eux aucune affinité ou se trouvaient véritablement surchargés. Le
groupe le plus critiquable par son manque d'homogénéité et son étendue
tout à fait excessive était celui des industries mécaniques : on y voyait
associés à l'ensemble des machines de l'industrie et de l'agriculture le matériel des arts chimiques et de la pharmacie, l'électricité, les procédés du
génie civil, l'hygiène, l'assistance publique, l'art militaire. Quoique moins
lourd, le groupe des industries extractives avait également le défaut de
réunir des éléments fort disparates.

Il en résultait de graves inconvénients au point de vue de la clarté du
groupement, comme au point de vue du bon recrutement et du travail des
comités ou jurys. Ces inconvénients, s'il n'y était porté remède, s'accen-
tueraient encore dans l'avenir, eu égard à l'accroissement continu du
nombre des exposants et à l'importance qu'ont prise de nombreuses industries jusqu'alors réputées accessoires. Des remaniements et des démem-
brements s'imposent donc pour les expositions futures; on devra• néanmoins n'y procéder qu'avec réserve, afin d'éviter un émiettement qui
ferait disparaître les vues d'ensemble et blesserait le génie français.

L'un des griefs les plus fondés qu'ait encourus la classification de 1889
a trait à la division entre le matériel, les procédés et les produits.

Pour ne citer que quelques exemples, les produits de l'exploitation des mines, de la métallurgie, des industries chimiques, de la pharmacie, du blanchiment, de la teinture, de l'impression, des apprêts, etc., étaient rangés dans le groupe des industries extractives, tandis que le matériel et même les procédés correspondants trouvaient place dans le groupe de la mécanique. Cependant, comment juger un bloc de houille sans savoir par quels moyens il a été extrait des entrailles de la terre ? Comment apprécier un échantillon d'acide sulfurique ou de carbonate de soude sans connaître les appareils et les manipulations d'où il est sorti ? Comment établir une démarcation si profonde entre la teinture, l'impression ou les apprêts et les étoffes teintes, imprimées ou apprêtées ?

Les spécialistes les plus autorisés se plaignaient vivement de cette division et demandaient à juste titre que, dorénavant, l'on renonçât aux errements du passé.

Des obstacles pratiques s'opposeraient-ils au rapprochement tant désiré ? Ce rapprochement serait-il de nature à créer des embarras sérieux pour les constructions, pour l'installation, pour la mise en mouvement des machines ou appareils, pour le jugement des objets exposés ? Nul ne pourrait le soutenir. Rien ne sera plus facile que d'édifier des galeries appropriées à leur destination nouvelle et aptes à recevoir non seulement des produits, mais encore du matériel. Une sage distribution des locaux préviendra les conséquences fâcheuses qu'engendrerait parfois le contact immédiat des objets manufacturés avec les machines de production. L'électricité fournira, pour le transport de l'énergie, des ressources autrefois inconnues, se prêtera à des combinaisons naguère irréalisables, fera disparaître les sujétions inhérentes à l'emploi des grands arbres de couche et des longues conduites de vapeur, permettra de transmettre la force sur tous les points de l'Exposition, supprimera l'obligation de grouper dans un même palais l'ensemble des appareils mécaniques. Quant à la compétence des comités et des jurys, elle sera plutôt fortifiée que réduite, le jour où les capacités des constructeurs et celles des industriels qui emploient les machines s'y uniront dans une intime collaboration.

Si les visiteurs sont privés du spectacle imposant qu'offrait à leurs yeux l'immense accumulation de l'ancienne galerie des machines, si l'effet grandiose de masse et de multiplicité dû à cet amoncellement est perdu pour eux, ils ne passeront plus du moins à côté des engins et des appareils sans en soupçonner l'objet et le fonctionnement; l'obscurité se dissipera dans

leur esprit; ils comprendront et s'instruiront, ce qui doit être le but su-
prême des assises périodiques du travail. La compensation n'est pas à dé-
daigner.

Peut-être objectera-t-on le prétendu dommage causé aux constructeurs
de matériel mécanique mis dans l'impossibilité de frapper au même degré
l'attention publique par l'exposition d'ensemble de leur industrie. Cette
objection serait purement spécieuse, car la construction des machines tend
de plus en plus à se spécialiser et, d'ailleurs, la dissémination existait déjà
entre de nombreuses classes souvent fort éloignées les unes des autres.

5. *Classification proposée pour l'Exposition universelle de 1900.* — a. *Économie générale.* — Afin de demeurer autant que possible fidèle aux traditions françaises, nous avons pris comme point de départ de la classification
nouvelle la classification de 1889, et nous l'avons remaniée en tenant
compte des critiques légitimes dont elle avait été l'objet, ainsi que des enseignements fournis par les expositions étrangères.

Un grand nombre de savants, d'ingénieurs, d'artistes, d'industriels et
de commerçants ont bien voulu donner leur concours à cette œuvre de revision. Les présidents ou rapporteurs des jurys de groupe et des jurys de
classe de 1889 y ont spécialement participé. Il n'est pas un détail qui
n'ait été discuté avec celui que ses antécédents et ses connaissances théoriques ou pratiques mettaient le mieux en situation de nous éclairer.
M. Roujon, directeur des beaux-arts, M. Tisserand, conseiller d'État, directeur de l'agriculture, et M. Dislère, conseiller d'État, délégué des colonies
et des pays de protectorat, nous ont apporté leur active collaboration pour
les parties qui se rattachaient à leurs services respectifs.

En tête se placent l'éducation et l'enseignement : c'est par là que
l'homme entre dans la vie; c'est aussi la source de tous les progrès.

Aussitôt après viennent les œuvres d'art, œuvres de génie auxquelles
doit être conservé leur rang d'honneur.

Des motifs du même ordre doivent faire attribuer la troisième place aux
instruments et procédés généraux des lettres, des sciences et des arts.

Ensuite arrivent les grands facteurs de la production contemporaine,
les agents les plus puissants de l'essor industriel, à la fin du xixe siècle :
matériel et procédés généraux de la mécanique; électricité; génie civil et
moyens de transport.

Puis on passe au travail et aux produits superficiels ou souterrains de la terre : agriculture; horticulture; forêts, chasse, pêche, cueillettes; aliments; mines et métallurgie.

Plus loin se présentent : la décoration et le mobilier des édifices publics et des habitations; les fils, tissus et vêtements; l'industrie chimique; les industries diverses.

L'économie sociale, à laquelle ont été réservés des développements dignes de son rôle actuel, devait venir naturellement à la suite des diverses branches de la production artistique, agricole ou industrielle : elle en est la résultante, en même temps que la philosophie. D'accord avec deux hommes éminents, M. Léon Say et M. le docteur Brouardel, nous y avons joint l'hygiène, qui sauvegarde la santé humaine, et l'assistance publique, qui vient au secours des déshérités de la fortune.

Un groupe nouveau a été réservé à l'œuvre morale et matérielle de la colonisation. Sa création est amplement justifiée par le besoin d'expansion coloniale qu'éprouvent tous les peuples civilisés.

Enfin la série se clôt par le groupe des armées de terre et de mer, dont la glorieuse mission consiste à garantir la sécurité et à défendre les biens acquis par les travaux de la paix.

Le nombre total des groupes est de 18, et celui des classes de 120.

Désireux de mettre plus complètement en lumière les arts décoratifs, qui sont à la fois l'honneur et l'une des forces de la nation française, nous leur avons affecté plusieurs classes ou fractions de classes. C'est ainsi que le douzième groupe s'ouvre par une classe de la « Décoration fixe des édifices publics et des habitations ».

En outre, aux termes du règlement, les classes des industries d'art comprendront deux sections et comporteront deux séries distinctes de récompenses : l'une pour les auteurs de dessins, cartons, maquettes, etc.; l'autre pour les industriels. Ainsi les artistes seront récompensés, non plus à titre de collaborateurs, mais comme exposants.

Nous ne doutons pas que cette double innovation ne soit favorablement appréciée.

Partout, le matériel et les procédés se trouveront en contact avec les produits. Des mesures seront prises d'ailleurs pour que les machines et appareils fonctionnent autant que possible sous les yeux du public, de manière à initier les visiteurs aux différentes fabrications. Le public assistera aux transformations successives de la matière première jusqu'à l'achèvement de l'objet fabriqué. Il y aura là une leçon de choses éminemment instructive et attrayante.

Nos projets à cet égard ont reçu l'approbation presque unanime des personnes compétentes dont l'avis a été sollicité.

On n'a point, du reste, à craindre qu'ils ne révèlent imprudemment des tours de main, des méthodes, des procédés de travail sur lesquels le secret devrait être gardé. D'une part, en effet, les secrets de cette nature sont bien rares aujourd'hui; d'autre part, les exposants ne feront voir que ce qu'il leur conviendra de montrer.

A l'exposition contemporaine sera jointe une exposition rétrospective centennale. Cette exposition, au lieu d'être concentrée comme en 1889 et de n'attirer ainsi que les érudits ou les chercheurs, sera répartie entre les groupes et les classes; la visite s'en imposera dès lors à la masse du public.

Chaque groupe et autant que possible chaque classe aura pour vestibule une sorte de petit musée où quelques repères convenablement choisis marqueront les principaux progrès réalisés depuis 1800.

Il est permis de compter particulièrement sur le succès de l'exposition centennale des beaux-arts et des arts décoratifs. Nous nous efforcerons d'y créer une série de salons où seront groupés les chefs-d'œuvre de la peinture, de la gravure, de la sculpture, de l'architecture, de l'ameublement, de la céramique, de la verrerie, de l'orfèvrerie, etc., aux diverses époques caractéristiques du siècle.

Exceptionnellement, pour l'art militaire par exemple, l'exposition rétrospective pourra remonter à une date plus éloignée que le commencement du siècle.

Des expositions spéciales (exposition historique de l'art ancien, exposition anthropologique et ethnographique, etc.), des concours (concours de machines agricoles, concours d'animaux vivants, etc.), des auditions musicales et des congrès seront organisés en 1900. Nous n'avons point à les mentionner dans la classification générale.

La même observation s'applique à quelques autres manifestations par lesquelles nous voulons augmenter l'éclat de la future Exposition, mais qui exigent encore des études approfondies et dont le programme n'est point arrêté.

Telles sont les grandes lignes de la classification proposée pour 1900.

Le Commissaire général a eu, en diverses circonstances, l'occasion de les faire connaître devant des assemblées d'industriels. Elles y ont trouvé un accueil extrêmement sympathique.

b. *Observations et justifications diverses.* — Une justification détaillée de la nouvelle classification sortirait des limites de ce rapport. Nous nous bornerons à fournir quelques indications essentielles sur la composition et la nomenclature des groupes et des classes.

Le groupe de l'*Éducation* et de l'*Enseignement* embrasse à la fois l'éducation de l'enfant et toutes les branches de l'enseignement primaire, secondaire, supérieur, artistique, agricole, industriel et commercial : cette réunion répond à une pensée philosophique sur laquelle nous n'avons point à insister; elle a rallié les suffrages des plus hautes autorités et spécialement ceux de l'éminent vice-recteur de l'Académie de Paris, M. Gréard. Dans la distribution matérielle des locaux, rien n'empêchera de placer l'enseignement artistique près du groupe des œuvres d'art et l'enseignement agricole près du groupe de l'agriculture.

Un cadre plus large et plus élastique qu'autrefois a été assigné à chaque classe, d'accord avec les départements ministériels intéressés. Bien rempli, ce cadre pourra recevoir un tableau complet et fidèle de l'instruction publique sous toutes ses formes, en montrer le mécanisme, l'organisation, les méthodes, le matériel et les résultats.

Le but que nous poursuivons serait encore plus complètement atteint par l'ouverture d'une vaste enquête, analogue à celle qui a été instituée en 1889 pour l'économie sociale. Il y a là une question importante dont l'étude méritera d'être reprise ultérieurement.

Dans le système de classification adopté lors de la dernière Exposition universelle pour le groupe des *Œuvres d'art,* deux classes distinctes étaient affectées l'une aux peintures à l'huile, l'autre aux peintures diverses et aux dessins. En fait, ces deux classes ont été jointes et soumises à l'appréciation d'un même jury. Comme M. le Directeur des beaux-arts, nous avons jugé opportun de ne pas maintenir une division condamnée par la pratique.

Précédemment, une partie des travaux d'architecture désertait le groupe des Beaux-Arts et se réfugiait dans la classe du Génie civil. Un libellé précis coupera court à cette dérivation regrettable au point de vue de la juste pondération des récompenses et surtout contraire au principe de l'unité de l'art.

Nous avons dû nous demander s'il ne conviendrait pas de créer, après les classes de la peinture, de la gravure, de la sculpture et de l'architecture, une classe supplémentaire pour les œuvres industrielles ayant un caractère artistique incontestable et d'y rattacher notamment les manufactures nationales. Quelque séduisante qu'elle fût au premier abord, cette mesure a paru devoir être écartée : le triage entre les objets artistiques et les objets purement industriels eût été une source de récriminations amères et de difficultés inextricables ; on aurait d'ailleurs décapité les classes des industries d'art et gravement compromis le succès de la section française de ces classes. Les dispositions prises, ainsi que nous l'avons indiqué au cours de ce rapport, pour bien mettre en relief les arts décoratifs dans d'autres groupes et pour récompenser dignement les auteurs de dessins, cartons, maquettes, etc., sont beaucoup plus conformes aux règles de la sagesse et de la prudence, et néanmoins sauvegardent entièrement les intérêts des artistes.

Plusieurs classes du deuxième groupe de 1889 étaient consacrées au matériel et aux procédés des arts libéraux, expression impropre et justement critiquée. Le nouveau groupe *Instruments et procédés généraux des lettres, des sciences et des arts* comprend à peu près les mêmes éléments ; mais sa dénomination est plus correcte.

Suivant le désir du Cercle de la librairie, de l'imprimerie et de la papeterie, nous reportons aux industries diverses les fournitures de bureau et articles similaires.

En revanche, le matériel de la typographie et des impressions diverses prend place à la tête du groupe.

La librairie se complète par une section des journaux et des affiches. On y trouvera matière à une exposition rétrospective du plus haut intérêt.

Une classe nouvelle est instituée pour le matériel théâtral. Ce ne sera pas le moindre attrait de la future Exposition universelle.

L'ancienne classe intitulée « Application usuelle des arts du dessin et de la plastique » disparaît de la nomenclature. Elle ne pourrait vivre que par des doubles emplois. Sa suppression a, du reste, été demandée au nom du Cercle de la librairie.

Dans le groupe du *Matériel* et des *Procédés généraux de la mécanique* se rangent les machines motrices propres à toutes les industries (sauf les moteurs électriques), les accessoires de ces machines motrices, enfin les machines-outils d'un usage général pour le travail des métaux et du bois.

En 1889, les machines de cette dernière catégorie subissaient une dissémination fâcheuse, à laquelle remédie la classification proposée.

L'Électricité, qui n'avait qu'une classe lors de notre dernière Exposition universelle, recevra les honneurs d'un groupe complet. Il était impossible de faire moins pour cette fée du xixᵉ siècle, qui a déjà produit tant de merveilles et qui nous réserve peut-être encore des surprises inattendues d'ici à 1900. Ce sera comme l'auréole de nos futures assises.

M. Mascart, dont le nom personnifie la science électrique, a bien voulu nous éclairer de ses conseils pour la nomenclature de ce groupe.

Le groupe VI est affecté au *Génie civil* et aux *Moyens de transport.*

Trop lourde et mal délimitée, la classe 63 de 1889 (Matériel et procédés du génie civil, des travaux publics et de l'architecture) a été divisée et mieux définie.

Reprenant la tradition interrompue en 1889, nous séparons la sellerie et la bourrellerie de la carrosserie et du charronnage. Cette séparation était appelée par les vœux les plus pressants des intéressés.

Tout en restant associés aux chemins de fer, avec lesquels ils ont une affinité si étroite, les tramways font l'objet, dans la nomenclature, des développements que comporte leur rôle actuel.

La navigation de commerce cesse d'être confondue avec la marine militaire, qui tenait à se réunir au matériel des armées de terre. Rien ne portera obstacle aux rapprochements matériels qui pourraient être utiles entre ces deux branches de la navigation.

Une classe spéciale est attribuée à l'aérostation, qui se trouvait perdue dans la classification de 1889 et qui mérite aujourd'hui un sort meilleur.

La nomenclature du groupe de l'*Agriculture* a été arrêtée de concert avec M. Tisserand.

Nous y classons le matériel et les procédés des exploitations rurales, qui en avaient été distraits à tort en 1889 et que l'on avait dû plus tard y reporter pour les travaux du jury.

La même mesure est proposée en ce qui concerne le matériel et les procédés des industries agricoles, ainsi que les produits agricoles non alimentaires.

Aucun motif ne militait en faveur du maintien d'une classe distincte pour les spécimens d'exploitations rurales et d'usines agricoles. Cette classe disparaît; les spécimens seront joints au matériel et aux procédés.

Les poissons, crustacés et mollusques passent, comme nous le verrons, à d'autres groupes où leur place est mieux marquée.

En lisant les rapports du jury de 1889, on voit, exprimé par le rapporteur de la viticulture, le regret que les vins et les eaux-de-vie provenant directement de la propriété aient été jugés avec les produits alimentaires, au lieu de l'être avec la culture de la vigne. Si respectables que soient les sentiments qui ont inspiré ce regret, la séparation entre les vins ou eaux-de-vie de propriétaire et les vins ou eaux-de-vie du commerce nous a paru trop grosse de périls et d'inconvénients pour être admise; elle eût, non sans raison, soulevé les protestations les plus énergiques.

Peu différent de ses devanciers, le groupe de l'*Horticulture* et de l'*Arboriculture* a cependant reçu quelques améliorations, grâce au concours de M. Tisserand.

Les graines, semences et plants de l'horticulture et des pépinières, seront dotés d'une classe spéciale. Ils ont assez d'importance pour justifier cette attribution.

Nous déplaçons et nous joignons aux forêts l'ancienne classe des graines et plants d'essences forestières.

Le groupe *Forêts; chasse; pêche; cueillettes*, est celui de la nature sauvage et de ce qui s'y rattache par des liens rationnels. Ses éléments sont pris dans différents groupes de 1889. Dès 1878, l'illustre rapporteur général, M. Jules Simon, avait critiqué la dissémination des exploitations et des industries forestières : notre programme satisfait à ses justes observations.

Pour les forêts, nous avons eu soin de nous entendre avec M. Daubrée, directeur du service au Ministère de l'agriculture.

La section réservée au matériel de fabrication des armes de chasse sera certainement fort intéressante, par suite du développement des procédés mécaniques dans cette puissante industrie.

M. Tisserand et M. Prevet, président de groupe en 1889, ont étudié avec nous la classification des *Aliments*.

Nous ajoutons à la nomenclature antérieure le matériel et les procédés des industries alimentaires qui figuraient au groupe de la mécanique. En revanche, l'agriculture reprend certains produits plus ou moins directs de la ferme, tels que les céréales, les œufs, le lait, le beurre, le fromage, les graisses et huiles comestibles.

Les conserves de viandes et de poissons, qui avaient été soumises au même jury que les conserves de légumes et de fruits, leur seront jointes dans une classe unique.

Manifestement surchargée en 1889, la classe des boissons fermentées fera place à deux classes distinctes : celle des vins et eaux-de-vie; celle des boissons diverses.

Bien que non comestibles, les amidons ont dû être réunis aux glucoses et aux fécules, comme s'y rattachant de la manière la plus étroite au point de vue industriel. Une remarque analogue s'applique aux alcools, dont la division aurait été injustifiable.

Le groupe des *Mines* et de la *Métallurgie* est limité à trois classes. Il n'en aura pas moins toute l'ampleur désirable. Tout commande d'ailleurs de lui assigner un emplacement distinct.

Autrefois les produits de l'exploitation des mines et ceux de la métallurgie ne se rencontraient pas dans le même groupe que le matériel et les procédés. Cette scission, éminemment préjudiciable aux opérations du jury, était condamnée par les hommes les plus compétents : nous croyons indispensable d'y renoncer.

Les minières et les carrières sont adjointes aux mines, dont elles doivent suivre la destinée.

Conformément à l'avis de M. le professeur Jordan, président de classe en 1889, et de M. Martelet, ingénieur en chef des mines, rapporteur du jury, nous répartissons la métallurgie entre deux classes : grosse métallurgie; petite métallurgie. La matière était trop considérable pour une classe unique. Du reste, la répartition ainsi opérée correspond bien à une dualité d'industries. Le soin avec lequel a été étudié le sous-détail des deux classes permettra d'éviter les divergences d'interprétation et les conflits.

Nous plaçons dans la petite métallurgie de nombreux articles qui lui avaient été soustraits et qui avaient notamment émigré vers le génie civil.

Au premier abord, il eût semblé naturel de classer dans la métallurgie plusieurs branches de production, telles que la coutellerie, l'orfèvrerie, la bijouterie, les bronzes et fontes d'art, la ferronnerie artistique, qui en étaient séparées lors des précédentes expositions. Mais, à y regarder de plus près, on aperçoit bien vite les inconvénients de cette jonction : il s'agit d'œuvres d'un caractère tout différent, auxquelles ne sauraient convenir les mêmes galeries et dont plusieurs emploient, au surplus, des matériaux autres que le métal.

Pour les raisons précédemment déduites, le groupe intitulé *Décoration et mobilier des édifices publics et des habitations* débute par une classe de la décoration fixe, où les arts décoratifs pourront se manifester dans tout leur éclat.

Les vitraux auraient pu prendre rang dans cette classe. Nous leur avons néanmoins attribué une classe spéciale, mais cataloguée immédiatement après celle de la décoration fixe. En effet, pour se montrer avec toute sa valeur, la peinture sur verre exige un local approprié, et les galeries de la classe 65 ne rempliront peut-être pas les conditions voulues.

A la suite des vitraux, viennent les papiers peints. On y a annexé certains papiers qui, sans servir à la tenture des appartements, sont produits par les mêmes manufactures et au moyen des mêmes procédés.

Selon l'usage, les tissus d'ameublement ont été distraits du groupe général des tissus et transportés au mobilier, dont ils constituent l'un des éléments. Nous n'avons joint à ces tissus que le matériel spécial de fabrication des tapis et tapisseries.

En 1889 de même qu'en 1878, les meubles à bon marché ou de luxe et les ouvrages du tapissier formaient deux classes distinctes. Des démarches ont été faites auprès de nous pour obtenir la fusion de ces classes. Mais l'ébénisterie a vivement protesté, et nous avons jugé plus sage de maintenir la tradition.

La classe de la céramique et celle des cristaux et de la verrerie ont chacune leur section de matériel et de procédés. Autrefois les vitraux étaient réunis à la verrerie; les peintres sur verre regardaient ce mariage comme une profanation : satisfaction leur est donnée, nous l'avons vu, par le nouveau classement.

A diverses reprises, les jurys avaient demandé que les appareils et procédés de chauffage fussent dissociés du matériel et des procédés d'éclairage. Cette demande reposait sur des motifs trop légitimes pour ne pas être accueillie..Nous avons joint au chauffage les appareils et procédés de ventilation, qui antérieurement étaient rangés dans la classe de l'hygiène : cela n'empêchera point les hygiénistes de retenir la ventilation quant à ses principes et à ses effets sur la santé.

Quelques classes ont été enlevées au groupe du mobilier : la coutellerie et l'horlogerie, parce qu'elles produisent pour une large part des objets non attachés à l'habitation; l'orfèvrerie, parce que son rapprochement de la bijouterie était depuis longtemps réclamé; les bronzes d'art, parce qu'ils devaient suivre l'orfèvrerie; la parfumerie, parce qu'elle n'a rien de commun avec le mobilier; la maroquinerie, parce qu'elle ne s'y rattache que très indirectement.

Au frontispice du groupe des *Fils, tissus et vêtements,* on trouve quatre classes consacrées au matériel et aux procédés de la filature, de la corderie, de la fabrication des tissus, du blanchiment, de la teinture, de l'impression, de l'apprêt, de la couture et de l'habillement. Ici, la spécialisation du matériel et des procédés a dû être faite non par classe, mais par groupe : en effet, les mêmes machines et les mêmes méthodes sont communes à des articles qui prennent nécessairement place dans des classes distinctes.

Des divergences de vues se sont manifestées sur la convenance de maintenir la séparation du matériel de filature et du matériel de tissage. Dans le doute, nous avons cru sage de ne pas changer la pratique de 1889.

Lors de la dernière Exposition, des conflits s'étaient élevés relativement aux limites de la classe des procédés chimiques de blanchiment, de teinture, d'impression et d'apprêt : suivant les comités et le jury de cette classe, tous les articles formés par les textiles et blanchis, teints, imprimés ou apprêtés devaient lui appartenir exclusivement; cette prétention rencontrait des adversaires ardents parmi les exposants de tissus, et notamment d'indiennes, qui se voyaient quelque peu réduits à la portion congrue. Il convient de prévenir le retour de pareilles difficultés par l'adoption d'un libellé plus précis. Ce but nous semble atteint dans la nouvelle classification.

Les industriels qui voudront exposer à titre de blanchisseurs, de tein-
turiers, d'imprimeurs, iront à la classe du matériel et des procédés,
et montreront des spécimens de leur travail; au contraire, les manufactu-
riers qui voudront faire juger des fils ou des tissus parvenus à leur état
définitif se répartiront entre les classes où ces fils ou tissus se rangent
d'après la nature du textile, et les articles ainsi exposés seront appréciés
pour l'ensemble de leurs qualités. À peine est-il besoin de rappeler que
beaucoup de filateurs ou de tisseurs procèdent dans leur propre usine
aux mains-d'œuvre complémentaires et qu'en tout cas ces manipulations
sont faites sur leurs indications, sous leur surveillance et sous leur responsabilité.

Les produits de la corderie sont concentrés avec les fils et tissus de lin,
de chanvre, etc.

Deux classes, celle de la bonneterie, de la lingerie et des accessoires du
vêtement, et celle de l'habillement des deux sexes, ont été assez profondé-
ment remaniées, après une étude approfondie avec M. Hayem, président
de la première, et M. Leduc, rapporteur de la seconde en 1889. Nous
leur substituons deux classes nouvelles, mieux délimitées : l'une pour les
industries de la confection et de la couture, l'autre pour les industries diverses du vêtement.

La bijouterie est transportée près de l'orfèvrerie; les armes de chasse
sont transférées au groupe des forêts et de la chasse; les objets de campement vont aux industries diverses; il en est de même de la bimbeloterie.

Un groupe est institué pour l'*Industrie chimique,* qui méritait bien cet
honneur par son immense extension au cours du siècle.

Le matériel des arts chimiques et de la pharmacie, d'une part, leurs
produits, d'autre part, formaient deux classes et appartenaient à deux
groupes. Il n'y aura plus qu'une classe, suivant le désir commun des savants et des industriels.

Au groupe de l'industrie chimique sont rattachées, comme dans des expositions antérieures, la classe de la fabrication du papier, celle des cuirs
et peaux, ainsi que celle de la parfumerie. Nous y joignons aussi la classe
nouvelle des manufactures de tabacs et d'allumettes chimiques.

On remarquera que, dans la classe de la parfumerie, une section est réservée aux matières premières. Cette mesure a été réclamée dans l'intérêt
de notre production et de notre commerce, sur les ressources desquels l'at-

tention des fabricants sera mieux fixée. Une disposition semblable est appliquée à d'autres classes. Rien n'empêchera de l'étendre encore, si les comités d'admission le demandent et en démontrent l'utilité.

Le groupe des *Industries diverses* est ouvert aux branches de production écartées des autres groupes pour des motifs que nous avons fait connaître et sur lesquels il serait oiseux de revenir.

Ce groupe n'appelle que deux observations essentielles.

La classe de la joaillerie et de la bijouterie est enfin en contact immédiat avec la classe de l'orfèvrerie, selon le vœu si souvent formulé. Deux courants se sont dessinés, l'un pour la réunion de ces industries jumelles, l'autre pour le maintien de leur répartition entre deux classes. Les partisans de la concentration n'ont pas fourni d'arguments irrésistibles; il était, dès lors, préférable de suivre la tradition.

Précédemment, la dispersion des articles de caoutchouc mettait nos fabricants dans une regrettable situation d'infériorité au regard des exposants étrangers, qui, en bien des cas, pouvaient présenter aux visiteurs l'ensemble des produits de leur fabrication. La chambre syndicale intéressée a fait valoir l'importance croissante de son industrie et demandé la création d'une classe spéciale, ou tout au moins l'adjonction explicite des produits généraux de cette industrie à la classe, généralement très pauvre, des objets de voyage et de campement, avec laquelle elle a tant de points communs. Nous avons accepté la deuxième solution, sauf à multiplier nos efforts pour réduire autant que possible les doubles emplois.

Le groupe suivant est celui de l'*Économie sociale,* de l'*Hygiène* et de l'*Assistance publique.*

Pour l'économie sociale, le cadre a été arrêté de concert avec un maître éminent, M. Léon Say. On y voit le travailleur industriel ou agricole dans son enfance, dans son âge mûr, dans l'accomplissement de sa vie ouvrière et dans sa vieillesse, encouragé, aidé et soutenu par toutes les œuvres d'initiative privée ou publique qui tendent au bien-être des citoyens. Nous nous sommes inspirés des rapports de 1889 et des études postérieures à cette date, en cherchant à ne rien omettre, à respecter l'équilibre entre le capital et le travail, à ouvrir largement la porte aux enseignements de l'étranger. Une question délicate était celle de savoir s'il convenait d'affecter une classe particulière aux institutions patronales : nous avons cru plus conforme à notre état social, plus simple et plus instructif de placer ces institutions dans les classes correspondantes, à côté des créations similaires nées par l'initiative des ouvriers, par celle des tiers, ou par l'association des patrons et des ouvriers.

Eu égard à son importance et aux bienfaits dont elle est si prodigue, l'hygiène méritait une classe spéciale. M. Monod, conseiller d'État, directeur de l'assistance et de l'hygiène publiques au Ministère de l'intérieur, a bien voulu préparer la nomenclature de cette classe, d'accord avec M. le professeur Brouardel. Après un préambule scientifique, viennent successivement et dans un ordre rationnel l'hygiène des individus, des habitations, des édifices publics, des agglomérations rurales et des villes, la défense des frontières contre les maladies pestilentielles, l'hygiène des denrées alimentaires et objets usuels, les eaux minérales et les sanatoria, la statistique et la législation.

L'assistance publique dispose, comme l'hygiène, d'une classe entière. Pour en dresser le programme, nous avons eu recours à M. le docteur Napias, inspecteur général des services administratifs au Ministère de l'intérieur et rapporteur du jury en 1889. Ce programme débute par des généralités, puis passe en revue la protection et l'assistance de l'enfance, l'assistance des adultes, celle des aliénés, des aveugles et des sourds-muets, enfin l'institution des monts-de-piété.

Le groupe de la *Colonisation,* dont la nomenclature a été dressée d'accord avec M. Dislère, conseiller d'État, délégué des colonies et des pays de protectorat, se compose de trois classes : procédés de colonisation, y compris l'enseignement; matériel colonial; produits spéciaux destinés à l'exportation dans les colonies. En ce qui concerne les branches d'enseignement détachées dans le groupe de la colonisation, des mesures seront prises, notamment lors de la formation du jury, pour ne pas rompre le lien qui les unit au groupe général de l'enseignement.

Quant aux produits locaux de l'art, de l'agriculture et de l'industrie, ils continueront, bien que rangés dans des pavillons spéciaux, à relever des mêmes jurys que les objets similaires métropolitains.

Distraite du groupe de la mécanique, l'exposition des *Armées de terre et de mer* forme un groupe de six classes. Le développement pris par la vie militaire chez tous les grands peuples de l'Europe justifie l'extension des limites dans lesquelles pourront se mouvoir en 1900 l'art et le matériel de la guerre.

M. le général Derrécagaix, sous-chef d'état-major général et directeur du service géographique de l'armée, délégué par M. le Ministre de la guerre, et M. Clément, directeur des constructions navales, adjoint à l'inspection générale du génie maritime, délégué par M. le Ministre de la marine, ont élaboré d'accord avec nous la classification de ce groupe. Ils se sont attachés à établir une nomenclature complète en harmonie avec le groupement matériel des objets exposés. Parmi ces objets, beaucoup seront rattachés à d'autres classes pour les opérations du jury.

c. *Adoption par la Commission supérieure.* — *Conclusion.* — Tels sont les traits essentiels de la classification proposée.

Après un examen attentif, la première sous-commission instituée au sein de la Commission supérieure de l'Exposition universelle de 1900, puis cette Commission en assemblée plénière, ont sanctionné, sur le remarquable rapport de M. Jules Roche, l'œuvre du Commissaire général et du Comité des directeurs.

Cette classification est-elle irréprochable? Aucun de ceux qui ont concouru à sa préparation ne serait assez présomptueux pour le croire. Un article du règlement prévoit même en termes explicites certaines améliorations que l'expérience ou des faits nouveaux pourraient conduire à y apporter.

Mais ce qu'il nous est permis d'affirmer, c'est que nos propositions sont le fruit de patientes et consciencieuses études. Ce que nous osons espérer, c'est qu'à défaut d'autres qualités on leur reconnaîtra du moins le mérite de la nouveauté et qu'elles serviront utilement de base à une exposition digne du XIXᵉ siècle.

Paris, le 30 juillet 1894.

Le Commissaire général,

A. PICARD.

II
CLASSIFICATION GÉNÉRALE.

PREMIER GROUPE.
ÉDUCATION ET ENSEIGNEMENT.

CLASSE 1.

Éducation de l'enfant. — Enseignement primaire.
Enseignement des adultes.

Législation, organisation, statistique générale.
Locaux : plans et modèles; distribution; agencement.
Mobilier scolaire.
Matériel d'enseignement.
Formation, recrutement et perfectionnement du personnel professoral.
Régime des établissements : plans d'études, règlements, programmes, méthodes, distribution des heures de travail, etc.
Résultats obtenus.

CLASSE 2.

Enseignement secondaire.

(Enseignement secondaire des garçons : enseignement classique; enseignement moderne. — Enseignement des jeunes filles.)

Législation, organisation, statistique générale.
Locaux : plans et modèles; distribution; agencement.
Mobilier scolaire.
Matériel d'enseignement.
Formation, recrutement et perfectionnement du personnel professoral.
Régime des établissements : plans d'études, règlements, programmes, méthodes, distribution des heures de travail; enseignements spéciaux, chant, gymnastique, escrime; jeux scolaires.
Résultats obtenus.

CLASSE 3.

Enseignement supérieur. — Institutions scientifiques.

I. Législation, organisation, statistique générale de l'enseignement supérieur.
Institutions diverses et établissements pour l'enseignement supérieur.

Locaux : plans et modèles; distribution; agencement.

Mobilier.

Matériel d'enseignement.

Formation et recrutement du personnel professoral.

Régime des établissements : plans d'études, règlements, programmes, méthodes, etc.

Résultats obtenus.

II. Grands établissements scientifiques.

Sociétés savantes.

Travaux et publications.

Missions.

Classe 4.

Enseignement spécial artistique [1].

(Institutions diverses et établissements pour l'enseignement des arts du dessin et des arts de la musique.)

Législation, organisation, statistique générale.

Locaux : plans et modèles; distribution; agencement.

Mobilier.

Matériel d'enseignement.

Personnel enseignant.

Régime des établissements : plans d'études, règlements, programmes, méthodes.

Résultats obtenus.

Classe 5.

Enseignement spécial agricole [2].

(Enseignement supérieur ou scientifique, agricole, vétérinaire et forestier; enseignement du 2ᵉ degré avec prédominance de la théorie sur la pratique; enseignement du 3ᵉ degré avec prédominance de la pratique sur la théorie; enseignement purement pratique des écoles d'apprentissage; écoles spéciales de technologie ou d'industries annexées à la ferme; enseignement spécial agricole dans les écoles normales d'instituteurs, les lycées, les collèges et les écoles primaires; enseignement par les professeurs conférenciers ou professeurs ambulants; enseignement par les faits.)

Législation, organisation, statistique générale.

Locaux : plans et modèles; distribution; agencement.

[1] Dans la distribution matérielle des classes, l'enseignement spécial artistique sera en contact avec le groupe des œuvres d'art, dont il constituera le vestibule.

[2] Dans la distribution matérielle des classes, l'enseignement agricole pourra être joint au groupe de l'agriculture.

Mobilier scolaire.

Matériel d'enseignement.

Formation et recrutement du personnel administratif et enseignant. Origine des élèves.

Régime des établissements : plans d'études, règlements, programmes, méthodes, emploi du temps (cours théoriques; exercices et travaux pratiques).

Résultats obtenus.

Classe 6.

Enseignement spécial industriel et commercial.

Législation, organisation, statistique générale.

Établissements : plans et modèles; distribution; agencement.

Mobilier.

Matériel d'enseignement.

Personnel enseignant.

Régime des établissements : plans d'études, règlements, programmes, méthodes, distribution des heures de travail.

Résultats obtenus.

DEUXIÈME GROUPE.

OEUVRES D'ART [1].

Classe 7.

Peintures. — Cartons. — Dessins.

Peinture sur toile, sur bois, sur métal, sur émail, sur porcelaine, sur faïence, sur enduits divers, par tous les procédés directs, à l'huile, à la cire, à la colle, etc.

Aquarelles. Pastels. Cartons de fresques, de tapisseries, de vitraux. Dessins de tous genres.

[1] Ce groupe ne comprend que les beaux-arts. Une place spéciale est réservée aux arts décoratifs dans d'autres groupes; la liste des exposants à récompenser dans les classes d'industries d'art sera d'ailleurs divisée en deux sections, l'une pour les auteurs de dessins, cartons, maquettes, etc., et l'autre pour les industriels.

Classe 8.

Gravure et lithographie.

Gravures monochromes et polychromes. Lithographies au crayon ou au pinceau; chromolithographie.

Classe 9.

Sculpture et gravure en médailles et sur pierres fines.

Sculpture en ronde bosse ou en bas-reliefs de figures et d'animaux. Modèles en plâtre, en terre ou en cire; originaux et reproductions en pierre, marbre, bronze, bois, ivoire, métal, etc.

Classe 10.

Architecture.

Dessins, photographies et modèles de travaux exécutés (édifices publics et constructions privées). Projets de constructions. Restaurations d'après les ruines ou les documents.

TROISIÈME GROUPE.

INSTRUMENTS ET PROCÉDÉS GÉNÉRAUX DES LETTRES, DES SCIENCES ET DES ARTS.

Classe 11.

Typographie. — Impressions diverses.

(Matériel, procédés et produits.)

I. Machines et appareils employés dans la typographie, la lithographie, l'impression en taille-douce, l'autographie, la chalcographie, la paniconographie, etc. Machines propres aux tirages photomécaniques.

Matériel, appareils et produits des fonderies en caractères, du clichage, etc.

.Machines à composer et à trier les caractères.

Matériel spécial d'impression des billets de banque, des timbres-poste, etc.

Machines à écrire.

II. Spécimens, en noir et en couleurs, de typographie, de lithographie, de taille-douce et d'impressions diverses.

Épreuves de gravures et de dessins obtenus, reproduits, agrandis ou réduits par procédés mécaniques ou photographiques.

Classe 12.

Photographie.

(Matériel, procédés et produits.)

I. Matières premières, instruments et appareils de la photographie. Matériel des ateliers de photographie.

II[1]. Photographie négative et positive sur verre, sur papier, sur bois, sur étoffe, sur émail, etc. Photogravure en creux et en relief; photocollographie; photolithographie. Épreuves stéréoscopiques. Agrandissements et micrographie photographiques. Photochromographie. Photochromie directe ou indirecte. Applications scientifiques et autres de la photographie.

Classe 13.

Librairie; éditions musicales. — Reliure (matériel et produits). Journaux. Affiches.

Livres nouveaux et éditions nouvelles de livres déjà connus.
Collections d'ouvrages formant des bibliothèques spéciales.
Revues et autres publications périodiques. Journaux. Affiches.
Dessins, atlas, albums.
Éditions musicales.
Matériel, procédés et produits de la brochure et de la reliure.

Classe 14.

Cartes et appareils de géographie et de cosmographie. Topographie.

Cartes et atlas géographiques, géologiques, hydrographiques, astronomiques, etc.

[1] Pour le jugement et l'attribution des récompenses, les exposants seront répartis en deux catégories, comprenant l'une les savants et amateurs, l'autre les professionnels.

Cartes physiques de toutes sortes. Cartes topographiques planes ou en relief.

Globes et sphères terrestres ou célestes. Ouvrages et tableaux de statistique. Tables et éphémérides à l'usage des astronomes et des marins.

Classe 15.

Instruments de précision. — Monnaies et médailles.

(Matériel, procédés et produits.)

Appareils et instruments des arts de précision.

Appareils et instruments de géométrie pratique, d'arpentage, de topographie et de géodésie; compas; machines à calculer; niveaux; boussoles; baromètres, etc.

Appareils et instruments de mesure : verniers, vis micrométriques, machines à diviser, balances de précision, etc.

Instruments de l'optique usuelle. Instruments d'astronomie. Instruments de physique, de météorologie, etc. Instruments et appareils destinés aux laboratoires et aux observatoires.

Mesures et poids des divers pays.

Matériel de fabrication des monnaies et médailles. (Outillage pour les pesées du métal, la vérification du titre des alliages, la fonte et la coulée, le laminage, le découpage des flans, leur cordonnage et leur blanchiment, la vérification de leur poids, leur comptage, la frappe, la vérification des monnaies avant délivrance. Outillage pour la préparation des poinçons et des coins.) Monnaies et médailles. Études diverses, économiques, statistiques ou autres sur les monnaies.

Classe 16.

Médecine et chirurgie.

Matériel, instruments et appareils des travaux anatomiques, histologiques et bactériologiques.

Pièces d'anatomie normale et pathologique; préparations histologiques et bactériologiques.

Appareils à stériliser les instruments et objets de pansement.

Instruments d'exploration médicale, générale et spéciale.

Instruments et appareils de chirurgie générale, locale et spéciale.

Appareils de pansement.

Appareils de prothèse plastique et mécanique; appareils d'orthopédie; appareils de chirurgie herniaire; appareils de gymnastique médicale; matériel, instruments et appareils de thérapeutiques spéciales.

Instruments destinés à la pratique de l'art dentaire.

Appareils divers destinés aux infirmes, aux malades et aux aliénés.

Trousses et caisses d'instruments et de médicaments destinés aux chirurgiens de l'armée et de la marine. Matériel de secours aux blessés sur les champs de bataille.

Appareils de secours aux noyés et aux asphyxiés.

Instruments et appareils pour la chirurgie vétérinaire.

CLASSE 17.

Instruments de musique.

(Matériel, procédés et produits.)

I. Matériel et procédés de fabrication des instruments de musique : instruments à vent, en cuivre; instruments à vent, en bois; lutherie à cordes; pianos, etc.

II. Instruments à vent, métalliques et en bois, à trous avec ou sans clefs, à embouchure simple, à bec de sifflet, à anche avec ou sans réservoir d'air.

Instruments à vent métalliques, simples, à rallonges, à coulisses, à pistons, à clefs, à anches.

Instruments à vent, à clavier : orgues, accordéons, etc.

Instruments à cordes pincées ou à archet sans clavier.

Instruments à cordes, à clavier : pianos, etc.

Instruments à percussion ou à frottement : batteries.

Instruments automatiques : orgues de Barbarie, serinettes, boîtes à musique, etc.

Pièces détachées et objets du matériel des orchestres.

Cordes pour instruments de musique.

Instruments exotiques.

CLASSE 18.

Matériel de l'art théâtral.

Aménagement intérieur des théâtres. Mobilier spécial.

Dispositions pour éviter les incendies et pour les combattre.

Décors : toiles, toiles métalliques, gazes, filets ; couleurs, brosses, palettes ; corderie ; ferrures spéciales ; éclairage, appareils électriques, herses, écrans colorés ; appareils d'imitation pour flammes, fumées, éclairs, artifices ; projections ; spectres ; phosphorescence.

Machines : treuils, tambours, cassettes, âmes, chariots, portants, trappes, contrepoids ; chemins de vols.

Costumes : étoffes spéciales, impressions sur étoffes ; armures, bijouterie ; chaussures, chaussons de danse ; perruques, postiches, grimage, fards.

Accessoires : reproduction de divers phénomènes, tels que tonnerre, grêle, vent, neige, fusillade ; cartonnages de toutes sortes ; meubles construits en perspective.

QUATRIÈME GROUPE.

MATÉRIEL ET PROCÉDÉS GÉNÉRAUX DE LA MÉCANIQUE.

CLASSE 19.

Machines à vapeur.

Foyers, fourneaux, cheminées pour chaudières.

Générateurs de vapeur fixes, mi-fixes ou locomobiles. Garnitures et accessoires de chaudières. Appareils d'alimentation. Calorifuges ; tartrifuges ; décanteurs ; purification des eaux. Réchauffeurs alimentaires ; sécheurs ; surchauffeurs.

Canalisations de vapeur ; joints ; robinetterie, tuyauterie.

Machines à vapeur fixes, mi-fixes et locomobiles. Distribution. Condensation. Régulateurs et modérateurs. Appareils de graissage et accessoires.

Machines à vapeurs autres que la vapeur d'eau.

Procédés d'essai et de contrôle des appareils à vapeur.

Associations de propriétaires d'appareils à vapeur.

CLASSE 20.

Machines motrices diverses.

Machines à air chaud, à gaz, à pétrole, à air comprimé ou raréfié, à ammoniaque, à acide carbonique. Organes et accessoires de ces machines.

Récepteurs hydrauliques : roues, turbines, machines à colonne d'eau, etc.
Moulins à vent et pananémones.
Manèges, tambours à chevilles, moteurs à ressort, à poids, à pédale, etc.

CLASSE 21.

Appareils divers de la mécanique générale.

Organes de transmission mécanique : arbres, supports, guidages, systèmes articulés. Engrenages. Embrayages, déclics.
Poulies, courroies et câbles de transmission. Systèmes funiculaires.
Régulateurs et modérateurs de mouvement.
Appareils de graissage.
Appareils de mesure des quantités mécaniques : compteurs, enregistreurs, vélocimètres, dynamomètres, manomètres.
Appareils de pesage. Machines pour l'essai des matériaux. Jaugeage des fluides.
Machines servant à la manœuvre des fardeaux : grues, ascenseurs, etc.
Machines hydrauliques élévatoires : pompes à bras ou à vapeur, norias, béliers, etc.
Pompes à incendie et matériel à l'usage des sapeurs-pompiers.
Presses hydrauliques et accumulateurs.
Canalisations d'eau et accessoires.
Compresseurs et canalisations d'air.
Ventilateurs.
Transmission à distance et distribution de la puissance par l'eau, la vapeur, l'air ou le vide.
Appareils et associations pour prévenir les accidents de machines.

CLASSE 22.

Machines-outils.

I. *Usinage des métaux.*
Machines agissant par choc, pression ou traction : marteaux-pilons, moutons, presses à forger, forgeuses; découpoirs, cisailles, poinçonneuses, balanciers; laminoirs, bancs à tirer, machines à tréfiler; machines et presses à étirer, emboutir, etc.; machines à cintrer, à refouler, à souder; machines à river; machines à travailler les tôles (découper, ployer, rouler, border, moulurer, etc.). Procédés de chauffage, de recuit, de trempe, de

cémentation, de soudage et de brasage, mis en œuvre au cours de l'usinage. Outillage de forge et des machines précédentes : enclumes, bigornes, étaux, marteaux, tranches, poinçons, matrices, étampes, etc.

Machines à outils coupants : tours; machines à percer, à aléser, à tarauder, à fraiser; scies à métaux; machines à raboter, à mortaiser, à rainer, etc. Outils spéciaux à ces machines. Étaux, appareils, porte-outils et accessoires des machines.

Machines employant comme outils des matières telles que le grès, l'émeri, le diamant. Machines à meuler, à polir, à affûter, à rectifier. Meules de grès, meules en émeri; outils en corindon, en diamant. Accessoires des machines et des meules.

Matériel et outillage pour le travail à la main : étaux, limes, burins, tarauds, filières, etc.

Procédés et matériel de traçage, d'ajustage, de contrôle et de vérification : marbres, trusquins, règles, équerres, compas, etc.; calibres, jauges, pieds à coulisse, palmers, comparateurs, vérificateurs de la régularité des formes et des dimensions.

II. *Usinage du bois.*

Scies à tronçonner, à débiter les bois en grume, à profiler, etc. Machines à équarrir. Machines à raboter, tours, machines à percer, machines à mortaiser; machines à faire les rainures et languettes, les tenons et les mortaises; toupies, machines à dresser, à reproduire, etc.

Accessoires des machines.

Outils des machines et outils à main, spéciaux pour le travail du bois.

III. Machines-outils diverses ne se rattachant pas à d'autres classes.

CINQUIÈME GROUPE.

ÉLECTRICITÉ.

CLASSE 23.

Production et utilisation mécaniques de l'électricité.

Appareils générateurs de courants. Dynamos à courants continus, à courants alternatifs, à courants polyphasés.

Transmission de l'énergie à distance. Moteurs à courants continus, à courants alternatifs, à champs tournants.

Modifications des courants. Dynamos de transformation. Transformateurs de courants alternatifs.

Application aux transports : locomotives électriques; tramways électriques.

Applications mécaniques diverses : ascenseurs, treuils, grues, cabestans, ponts roulants, machines-outils, touage magnétique.

Canalisations spéciales.

Appareils de sûreté et de réglage.

CLASSE 24.

Électrochimie.

Piles.

Accumulateurs.

Matériel et procédés généraux de la galvanoplastie. Dépôts métalliques. Production et affinage des métaux ou alliages.

Applications à la chimie industrielle : blanchiment; désinfection des eaux d'égout; traitement des jus sucrés; fabrication de la soude, du chlore, du chlorate de potasse, etc.

CLASSE 25.

Éclairage électrique.

Emploi des courants continus ou alternatifs.

Lampes à arc. Régulateurs. Charbons pour lumière.

Lampes à incandescence.

Installations particulières : ateliers, administrations publiques et habitations privées.

Stations centrales.

Applications aux phares, à la navigation, à l'art militaire, aux travaux publics.

Appareils de sûreté et de réglage. Compteurs.

Photométrie. Appareils pour déterminer la puissance des foyers, la distribution de lumière et l'éclairement.

Appareillage électrique spécial : lustres, candélabres, appliques, supports, etc.

Classe 26.

Télégraphie et téléphonie.

Appareils télégraphiques, expéditeurs et récepteurs.
Appareils multiples.
Transmissions simultanées.
Organes divers. Relais, rappels, paratonnerres.
Transmission de la parole. Téléphones et microphones.
Bureaux centraux, appels, annonciateurs.
Télégraphie et téléphonie simultanées.
Canalisations pour télégraphes et téléphones. Fils aériens, câbles souterrains et sous-marins.

Classe 27.

Applications diverses de l'électricité.

Appareils scientifiques et instruments de mesure.
Électricité médicale.
Horlogerie électrique.
Applications aux chemins de fer, aux mines et aux travaux publics. Signaux. Exploseurs.
Indicateurs et enregistreurs à distance pour des phénomènes de toute nature.
Fours électriques.
Soudure électrique.
Appareils de chauffage par l'électricité.

SIXIÈME GROUPE.

GÉNIE CIVIL. — MOYENS DE TRANSPORT.

Classe 28.

Matériaux, matériel et procédés du génie civil.

Matériaux de construction (autres que les bois, les matériaux extraits des carrières, les métaux et les produits céramiques) : chaux, ciments, plâtres, pierres factices, etc. Matériel et méthodes de production de ces matériaux.

Méthodes d'essai des matériaux de construction.

Travail des matériaux de construction : outillage et procédés de l'appareilleur, du tailleur de pierres, du maçon, du charpentier, du couvreur, du menuisier, du serrurier, du plombier, du vitrier, du peintre en bâtiments, etc.

Matériel et procédés des travaux de terrassements : outils à main, excavateurs, dragues, brouettes, tombereaux, voies de service, wagonnets ou wagons, etc.

Matériel et procédés des travaux de fondations (autres que les pompes): sonnettes, pilotis, pieux à vis, appareils pneumatiques, etc.

Matériel et procédés pour le transport et le bardage des matériaux.

Matériel et procédés de l'entretien des routes, rues, promenades publiques, etc.

Matériel de l'éclairage des côtes et du balisage.

Matériel et procédés des distributions d'eau et de gaz (sauf les compteurs à gaz).

Matériel et procédés de la télégraphie pneumatique.

CLASSE 29.

Modèles, plans et dessins de travaux publics.

Routes et autres voies publiques de terre. Ponts et viaducs.

Navigation intérieure : amélioration des rivières; construction des canaux; barrages, écluses, ascenseurs, ponts fixes ou mobiles, ponts-canaux, réservoirs et rigoles d'alimentation, usines élévatoires, touage et halage mécanique, outillage d'exploitation des ports fluviaux.

Ports maritimes : dispositions générales; jetées, bassins, écluses, ponts mobiles; outillage d'exploitation (sauf le matériel flottant).

Canaux maritimes.

Travaux d'éclairage et de balisage des côtes.

Travaux de défense contre les eaux fluviales ou contre les eaux de la mer.

Chemins de fer, au point de vue spécial du tracé et des ouvrages d'art.

Travaux divers de voirie des villes.

Travaux d'alimentation en eau, d'assainissement et d'éclairage au gaz des villes.

Réseaux de télégraphie à l'air comprimé.

Statistiques, cartes spéciales et publications diverses relatives aux travaux publics.

Travaux de l'Exposition universelle de 1900.

CLASSE 30.

Carrosserie et charronnage.

(Véhicules autres que ceux des voies ferrées.)

Voitures de luxe, traîneaux, chaises à porteurs.

Voitures de services publics; voitures d'ambulances. Voitures de malades et d'enfants.

Voitures de charronnage pour tous usages; voitures de commerce.

Voitures à moteur mécanique.

Vélocipèdes.

Pièces détachées, produits et inventions se rattachant à la carrosserie, au charronnage et à la vélocipédie.

CLASSE 31.

Sellerie et bourrellerie.

Harnachements pour chevaux et autres animaux attelés, montés ou à l'écurie. Harnais de luxe, selles, brides; harnais de services publics et de trait.

Pièces détachées, produits et inventions se rattachant à la sellerie et à la bourrellerie.

CLASSE 32.

Matériel des chemins de fer et tramways.

I. *Chemins de fer à voie normale ou à voie étroite.*

Superstructure : plate-forme, ballast, etc.; traverses, rails, coussinets, éclisses et autres parties constitutives de la voie; changements de voie; gares; chariots roulants, plaques et ponts tournants; bascules, gabarits et accessoires divers; signaux fixes, systèmes et appareils destinés à assurer la sécurité de la circulation; alimentation d'eau; appareils fixes de protection contre la neige; outillage de la voie.

Matériel et traction : locomotives, tenders; voitures à voyageurs; fourgons et wagons à marchandises; organes et pièces détachées; freins continus; intercommunication; dépôts de machines; ateliers de construction et de réparation; chasse-neige; appareils de mesure, dynamomètres, enregistreurs divers; laboratoires.

Exploitation : tracés des trains; répartition du matériel roulant; nettoyage et désinfection; signaux mobiles et systèmes divers pour assurer la sécurité de la circulation; service des voyageurs, billets, casiers à billets, affiches, tarifs; service des marchandises, tarifs, dispositifs et outillage pour le remisage et la manutention.

II. *Chemins de fer de systèmes divers.*

Chemins de fer à crémaillère, funiculaires, aériens, glissants; plates-formes mobiles, etc. — Voie, matériel de traction ou matériel moteur, matériel de transport.

III. *Tramways.*

Types divers de voies sur chaussées de différentes natures; changements de voie, plaques tournantes, triangles et boucles de tournage; appareils pour la pose, le nettoyage, etc., de la voie.

Voitures à traction animale; locomotives et voitures automobiles; matériel roulant pour tramways à traction mécanique; appareils de freinage; appareils producteurs de travail emmagasiné (eau chaude, air comprimé, électricité, etc.).

IV. *Modes de transports spéciaux assimilables aux chemins de fer.*
Transports de navires sur voies ferrées, etc.

V. *Bibliographie.*
Statistiques, cartes spéciales et publications diverses relatives aux chemins de fer.

CLASSE 33.

Matériel de la navigation de commerce.

I. Matières premières et matériaux spécialement appropriés à la construction ou à l'armement des navires et bateaux.

II. Outillage spécial pour chantiers de constructions navales et pour ateliers de construction des machines marines.

III. Dessins et modèles de bâtiments et bateaux en tous genres usités pour les transports maritimes ou fluviaux. Spécimens d'aménagement de ces bâtiments et bateaux.

Canots et embarcations de service à moteur mécanique, à voile ou à aviron.

Dessins et modèles de remorqueurs et de toueurs.

Appareils moteurs des navires et bateaux, et leurs accessoires (dessins, modèles et spécimens) : générateurs, bouilleurs, évaporateurs, récupérateurs, filtres pour eaux alimentaires; machines motrices; appareils de condensation; propulseurs; machines auxiliaires des moteurs principaux; pompes diverses; régulateurs du mouvement; indicateurs du sens de la marche et de la vitesse, compteurs de tours, etc. Dispositions préventives des incendies dans les soutes, les cales de chargement et les emménagements. Machines à bord pour la manœuvre et pour la manutention des marchandises.

Armement : treuils, palans, chaînes, ancres, aussières, grelins, etc.; appareils à gouverner; transmetteurs d'ordre; mécanismes pour la manœuvre des voiles; feux de position, de signaux; distillateurs; appareils d'éclairage, de chauffage, d'aérage, de ventilation; appareils spéciaux pour la production et l'emploi de l'électricité; appareils frigorifiques; instruments spéciaux de précision et d'horlogerie; pavillons et signaux; mobilier spécial, etc.

Navigation de plaisance : yachts et embarcations à vapeur ou à voile, embarcations à aviron, outriggers, skiffs, etc., et leurs accessoires (dessins, modèles et spécimens).

Navigation sous-marine.

Matériel pour le sauvetage des navires et des personnes : bateaux, porte-amarres, lignes, va-et-vient, ceintures et gilets de sauvetage, etc. Sociétés de sauvetage. Filage de l'huile à la mer. Matériel pour le relèvement des épaves et pour les opérations sous-marines de sauvetage du matériel naval.

Natation.

Statistiques, cartes spéciales et publications diverses relatives à la navigation de commerce ou à la navigation de plaisance.

CLASSE 34.

Aérostation.

Construction des aérostats : tissus, vernis, nacelles, soupapes; filets, corderie; engins d'arrêt, ancres, grappins. Fabrication de l'hydrogène et des gaz légers. Ballons captifs.

Voyages aériens. Application des ballons à l'étude de l'atmosphère : courants aériens, nuages, température des hautes régions; phénomènes d'optique, etc. Dessins, cartes de voyage, diagrammes, photographies.

Aérostation militaire : ballons captifs militaires et leurs accessoires; treuils d'ascension, voitures de transport; appareils de gonflement.

Navigation aérienne. Ballons dirigeables et appareils d'aviation. Appareils de vol mécanique; hélicoptères; aéroplanes et parachutes.

SEPTIÈME GROUPE.

AGRICULTURE.

CLASSE 35.

Matériel et procédés des exploitations rurales.

Spécimens des divers types d'exploitations rurales.

Plans et modèles de bâtiments ruraux : dispositions générales; écuries, bergeries, étables, porcheries, parcs d'élevage; dispositions spéciales en vue de l'élevage et de l'engraissement. Mobilier des écuries, étables, chenils, etc.

Harnachement. Ferrure.

Matériel et procédés de la médecine vétérinaire.

Matériel et travaux du génie rural : desséchements, drainage, irrigations.

Outils, instruments, machines et appareils servant à la préparation de la terre, à l'ensemencement, aux plantations, au nettoyage des terres, à la récolte, à la préparation et à la conservation des produits de la culture ou de l'exploitation des animaux. Machines agricoles mues par des attelages, par le vent, l'eau, la vapeur ou l'électricité. Machines locomobiles agricoles et manèges. Moulins à vent. Pompes. Appareils de pesage. Matériel des charrois et des transports ruraux.

Greniers; silos. Routoirs.

Appareils pour préparer la nourriture des animaux.

Préparation et conservation des fumiers. Matières fertilisantes. Engrais commerciaux. Emploi des eaux d'égout.

Classe 36.

Matériel et procédés de la viticulture.

Types de bâtiments d'exploitation pour la viticulture.

Matériel de culture de la vigne : appareils de défoncement; charrues vigneronnes; houes; outils divers pour la greffe, la taille, la cueillette, etc.

Collections de cépages.

Matériel des vendanges, des chais et des caves, etc. Véhicules; égrappoirs; pressoirs, etc.

Méthodes de vinification.

Procédés, matériel et substances pour conserver les vins. Ferments.

Maladies des vins et moyens de les combattre.

Classe 37.

Matériel et procédés des industries agricoles.

Types d'usines agricoles annexées à la ferme : laiteries, beurreries, fromageries, distilleries agricoles, féculeries agricoles, etc.

Huileries. Fabriques de margarine.

Ateliers pour la préparation des matières textiles.

Établissements d'aviculture. Appareils d'éclosion artificielle et d'engraissement des volailles.

Classe 38.

Agronomie. — Statistique agricole.

Étude du sol et des eaux au point de vue agricole.

Cartes agrologiques; cartes agronomiques; cartes climatériques; cartes agricoles diverses. Cadastre.

Population agricole. Division du territoire cultivé. Rendement. Dénombrement des animaux de ferme.

Progrès réalisés, spécialement depuis 1889. Histoire de l'agriculture, ses transformations successives. Histoire des variations de prix subies par la terre, les fermages, la main-d'œuvre, les animaux, les principaux produits du sol et des bestiaux.

Institutions ayant pour objet le développement et les progrès de l'agriculture. Stations agronomiques et laboratoires agricoles : plans et modèles, organisation, personnel, outillage, budget, travaux. Sociétés;

comices; syndicats. Crédit foncier. Crédit agricole. Institutions de bienfaisance. Assurances agricoles.

Mesures législatives et administratives.

Livres, mémoires, statistiques, diagrammes, publications périodiques.

CLASSE 39.

Produits agricoles alimentaires d'origine végétale.

Céréales : froment, seigle, orge, riz, maïs, millet et autres céréales en gerbes ou en grains.

Plantes légumineuses : fèves et féveroles, haricots, pois, lentilles, etc.

Tubercules et racines : pommes de terre, betteraves, carottes, navets, turneps.

Plantes saccharifères : betteraves, canne, sorgho sucré, etc.

Plantes diverses : café en grains, cacao, etc.

Plantes oléagineuses en tiges ou en graines. Olives. Huiles comestibles d'origine végétale.

Fourrages conservés ou ensilés et matières propres à la nourriture des bestiaux.

CLASSE 40.

Produits agricoles alimentaires d'origine animale.

Graisses et huiles comestibles d'origine animale.

Lait frais ou conservé.

Beurre frais, salé ou demi-sel.

Fromages.

Œufs.

CLASSE 41.

Produits agricoles non alimentaires.

Plantes textiles : coton; lin et chanvre en gerbes, en graines et en filasse; ramie; phormium tenax; fibres végétales diverses.

Plantes oléagineuses en tiges ou en graines.

Graisses et huiles non comestibles.

Plantes à tanin.

Plantes tinctoriales, médicinales, pharmaceutiques.

Tabacs en tiges, en feuilles et graines de tabac[1].

(1) Pour mémoire, rattaché à la classe des manufactures de tabacs.

Houblon. Cardères, etc.

Plantes et graines des prairies naturelles et artificielles.

Laines brutes, lavées ou non lavées.

Crins et soies d'animaux domestiques.

Plumes; duvets; poils, etc.

CLASSE 42.

Insectes utiles et leurs produits. — Insectes nuisibles et végétaux parasitaires.

Collections systématiques d'insectes utiles et d'insectes nuisibles.

Abeilles. Vers à soie et bombyx divers. Cochenilles.

Matériel de l'élevage et de la conservation des abeilles et des vers à soie. Leurs produits : miel, cire; cocons.

Matériel et procédés de la destruction des cryptogames et des insectes nuisibles.

HUITIÈME GROUPE.

HORTICULTURE ET ARBORICULTURE.

CLASSE 43.

Matériel et procédés de l'horticulture et de l'arboriculture.

Outils de culture du jardinier et du pépiniériste : bêches, pioches, houes, tondeuses de gazons, rouleaux. Outils pour la taille, la greffe, la cueillette, l'emballage et le transport des produits : serpettes, greffoirs, échelles, etc. Tuteurs. Appareils d'arrosage.

Appareils et objets pour l'ornementation des jardins : vases, pots, chaises, bancs, jets d'eau, étiquettes, etc.

Serres avec leurs accessoires; appareils de chauffage; paillassons, etc. Serres d'appartement.

Aquariums pour plantes aquatiques.

Architecture des jardins : plans, dessins, modèles, livres, tableaux, etc.

CLASSE 44.

Plantes potagères.

Plantes potagères de grande culture, légumes des jardins maraîchers : pommes de terre, choux, carottes, raves, radis, piments, artichauts, champignons de couche, cresson, etc. Spécimens à l'état frais.

CLASSE 45.

Arbres fruitiers et fruits.

Espèces et variétés. Arbres de plein vent; arbres en espalier.

Spécimens des produits de la grande culture (vergers, orangeries) : pommes et poires à cidre; cerises; prunes; oranges; citrons; amandes; noix, etc.

Spécimens des produits de la culture des jardins : fruits de plein vent; fruits d'espalier. Espèces et variétés nouvelles.

CLASSE 46.

Arbres, arbustes, plantes et fleurs d'ornement.

Arbres d'ornement en tiges, élevés francs de pied. Arbres d'ornement en tiges, greffés.

Arbustes et arbrisseaux d'ornement à feuilles caduques ou à feuilles persistantes.

Plantes de parc; plantes de jardin.

Végétaux herbacés de pleine terre : dahlias, chrysanthèmes, etc.

Massifs et corbeilles de fleurs. Bouquets de fleurs naturelles.

CLASSE 47.

Plantes de serre.

Spécimens de culture usités dans les divers pays en vue de l'utilité ou de l'agrément.

Cultures forcées de légumes et de fruits : spécimens de produits obtenus.

Espèces et variétés cultivées pour l'ornement : plantes de serre tempérée; plantes de serre chaude.

CLASSE 48.

Graines, semences et plants de l'horticulture et des pépinières.

Collections de graines et semences de légumes.

Plants d'arbres francs ou greffés.

NEUVIÈME GROUPE.

FORÊTS. — CHASSE. — PÊCHE. — CUEILLETTES.

———

CLASSE 49.

Matériel et procédés
des exploitations et des industries forestières.

Collections de graines. Plants et spécimens d'essences forestières indigènes ou exotiques.

Outillage spécial pour la récolte, la préparation, l'essai et la conservation des graines; sécheries. Outillage des pépinières. Matériel des exploitations, des industries et des travaux forestiers.

Procédés de culture en pépinières; procédés de culture et d'aménagement des forêts.

Topographie forestière.

Travaux forestiers, maisons de garde, scieries, voies de vidange, assainissements, repeuplements.

Restauration des terrains en montagne : reboisement, gazonnement, etc. Fixation des dunes.

CLASSE 50.

Produits des exploitations et des industries forestières.

Echantillons d'essences forestières.

Bois d'œuvre, de construction et de chauffage; bois ouvrés, merrains; bois de fente. Bois de teinture.

Lièges; écorces textiles. Matières tannantes, odorantes, résineuses, etc.

Produits des industries forestières : boissellerie, vannerie, sparterie, sabots, laine de bois, bouchons, bois torréfiés, charbon, potasses brutes, etc.

CLASSE 51.

Armes de chasse.

(Matériel de fabrication et produits.)

I. Matériel et outillage spéciaux pour la fabrication des armes : machines à dresser les canons; tours spéciaux à reproductions instantanées: machines à rectifier l'alésage intérieur des canons, alésoirs; machines à percer les canons; machines spéciales pour faire la monture en bois; machines à fraiser et à reproduire pour les diverses pièces d'armes en fer; machines à polir et à redresser les pièces trempées.

Matériel et outillage de fabrication des cartouches et munitions.

II. Armes blanches.

Armures pour panoplies; reproduction d'armes anciennes.

Armes de jet : arcs, arbalètes, etc.

Armes à feu : fusils, carabines, pistolets, etc.

Objets accessoires d'arquebuserie.

Projectiles pleins ou creux, explosibles. Capsules, amorces, cartouches.

Équipements de chasse; engins de dressage pour les chiens.

Matériel des salles d'escrime.

CLASSE 52.

Produits de la chasse.

Collections et dessins d'animaux terrestres ou amphibies, d'oiseaux et d'œufs.

Pelleteries et fourrures non présentées au point de vue de la confection. Peaux apprêtées pour la fourrure et la pelleterie. Naturalisations.

Poils, crins et soies. Plumes brutes et dépouilles d'oiseaux.

Cornes; ivoire; os; écaille.

Musc, castoréum, civette, etc.

CLASSE 53.

Engins, instruments et produits de la pêche. Aquiculture.

I. Matériel flottant spécial à la pêche. Filets et engins ou instruments divers pour la pêche maritime. Filets, nasses, pièges et engins ou instruments divers pour la pêche fluviale.

II. Aquiculture maritime : poissons, crustacés, mollusques et rayonnés.

Aquiculture des eaux douces : établissements, matériel et procédés de la pisciculture; échelles à poissons; hirudiniculture.

III. Aquariums.

IV. Collections et dessins de poissons, de cétacés, de crustacés, de mollusques, etc.

IMPRIMERIE NATIONALE.

Perles; coquilles; nacre. Corail. Éponges. Écailles de tortues. Baleines. Blanc de baleine. Ambre gris. Huiles et graisses de poissons.

CLASSE 54.

Engins, instruments et produits des cueillettes.

I. Appareils et instruments pour la récolte des produits de la terre obtenus sans culture.

II. Champignons. Truffes. Fruits sauvages propres à l'alimentation de l'homme.

Plantes, racines, écorces, feuilles, fruits obtenus sans culture et utilisés pour l'herboristerie, la pharmacie, la teinture, la fabrication du papier, la fabrication de l'huile ou d'autres usages.

Caoutchouc; gutta-percha. Gommes et résines.

DIXIÈME GROUPE.

ALIMENTS.

CLASSE 55.

Matériel et procédés des industries alimentaires.

Minoteries. Féculeries industrielles; glucoseries; amidonneries.

Fabriques de pâtes alimentaires.

Boulangeries : pétrisseurs et fours mécaniques. Fabriques de biscuit de mer.

Pâtisseries.

Fabrication et conservation de la glace. Machines et appareils frigorifiques.

Matériel et procédés de la conservation des viandes fraîches, du gibier frais, des poissons frais, etc.

Fabriques de conserves de viandes, poissons, légumes et fruits.

Sucreries, raffineries.

Chocolateries, confiseries.

Préparation des glaces et des sorbets.

Décortication et torréfaction du café.

Vinaigreries.

Distilleries industrielles.

Brasseries.

Fabriques d'eaux gazeuses.

Industries alimentaires diverses.

Classe 56.

Produits farineux et leurs dérivés.

Farines de céréales; grains mondés et gruaux; fécule de pomme de terre; farine de riz; farine de lentilles ou de fèves; gluten.

Tapioca; sagou; arrow-root; fécules diverses. Amidons. Produits farineux mixtes.

Pâtes d'Italie; semoules; vermicelles; macaronis; nouilles; bouillies; pâtes de fabrication domestique.

Classe 57.

Produits de la boulangerie et de la pâtisserie.

Pains divers avec ou sans levain; pains de fantaisie et pains façonnés, pains comprimés pour voyages, campagnes militaires, etc.; biscuit de mer.

Produits divers de pâtisserie propres à chaque nation. Pains d'épice et gâteaux secs susceptibles de se conserver.

Classe 58.

Conserves de viandes, de poissons, de légumes et de fruits.

Viandes conservées par le froid ou par tout autre procédé; viandes salées; conserves de viande en boîtes. Tablettes de viande et de bouillon. Préparations de viandes. Produits divers de la charcuterie.

Poissons conservés par le froid. Poissons salés, encaqués : morues, harengs, etc. Poissons conservés dans l'huile : thon mariné, sardines, anchois.

Conserves de homards. Conserves d'huîtres.

Légumes conservés par divers procédés.

Fruits secs et préparés : prunes, figues, raisins, dattes. Fruits conservés sans le secours du sucre.

8.

CLASSE 59.

Sucres et produits de la confiserie; condiments et stimulants.

Sucres destinés aux usages domestiques et autres. Glucoses.
Chocolats.

Produits divers de la confiserie : dragées, bonbons de sucre, fondants, nougats, angélique, anis, confitures, gelées, etc. Fruits confits. Fruits à l'eau-de-vie. Sirops et liqueurs sucrées.

Cafés, thés et boissons aromatiques; cafés de chicorée et de glands doux.

Vinaigres.

Sel de table.

Épices : poivres, cannelles, piments, etc.

Condiments et stimulants composés : moutarde, karis, sauces, etc.

CLASSE 60.

Vins et eaux-de-vie.

Vins ordinaires, rouges et blancs.

Vins de liqueur et vins cuits.

Vins mousseux.

Eaux-de-vie et alcools.

Boissons spiritueuses, genièvre, rhum, tafia, kirsch, etc.

CLASSE 61.

Boissons diverses.

Cidres et poirés.

Bières et autres boissons tirées des céréales.

Boissons fermentées de toute nature.

Eaux gazeuses artificielles.

ONZIÈME GROUPE.

MINES. — MÉTALLURGIE.

——

Classe 62.

Exploitation des mines, minières et carrières.

(Matériel, procédés et produits.)

I. Matériel et procédés de la topographie souterraine.

Reconnaissance des gîtes minéraux. Matériel de sondage pour recherches ou puits artésiens.

Travaux de captage des eaux minérales.

Matériel et procédés pour le fonçage et le cuvelage des puits de mine.

Matériel et procédés pour le percement des galeries. Matériel et procédés d'excavation et d'abatage dans les mines et carrières : outils à main; engins mécaniques; installations pour la compression de l'air; explosifs et procédés d'inflammation.

Matériel et procédés des transports souterrains.

Machines pour l'extraction des produits de la mine et pour la descente des remblais.

Machines et appareils pour la descente et la remonte des ouvriers.

Machines et pompes d'épuisement.

Appareils et procédés d'aérage; ventilateurs.

Appareils d'éclairage; lampes de sûreté.

Appareils de sécurité : parachutes, signaux, etc. Appareils de sauvetage.

Matériel et procédés pour la manutention des produits extraits et pour leurs transports extérieurs : chemins de fer, plans inclinés, chaînes flottantes, câbles et tramways aériens; installations de chargement des wagons ou bateaux, etc.

Outillage spécial et procédés d'exploitation des mines de sel, des gîtes pétrolifères, des sables et graviers aurifères, etc.

Appareils de lavage et de préparation mécanique des minerais et des combustibles minéraux.

Appareils à agglomérer les combustibles.

Appareils de carbonisation; fours à coke.

II. Roches d'ornement, roches dures et pierres de construction, dégrossies, sciées ou polies.

Pierres à chaux et à ciment.

Meules, pierres à aiguiser, pierres ponces, matières pour polir.

Sables de moulage; sables réfractaires.

Argiles, kaolins, silex et autres matières employées pour la céramique. Roches naturelles et argiles réfractaires.

Bauxite. Spath fluor. Asbeste. Écume de mer. Graphites et plombagine. Ardoises.

Gemmes et pierres précieuses.

Sel gemme; sel des sources salées. Nitre et nitrates, sulfates, aluns et autres sels naturels. Acide borique et borax.

Soufre brut et pyrites.

Couleurs minérales naturelles.

Engrais minéraux naturels (phosphates, coprolithes, etc.).

Combustibles minéraux : tourbes, lignites, houilles, anthracites; résidus et agglomérés; pétroles et asphaltes bruts; gaz naturel. Asphaltes et roches asphaltiques; cires et bitumes minéraux; ambre jaune et jayet bruts.

Minerais métalliques de toute nature. Métaux natifs.

Collections systématiques. Cristallographie.

III. Cartes géologiques; cartes de topographie souterraine. Plans en relief.

Plans d'exploitation de mines.

Statistiques et publications diverses relatives à la géologie, à la topographie souterraine, à la minéralogie, à l'exploitation des mines, etc.

CLASSE 63.

Grosse métallurgie.

(Matériel, procédés et produits.)

Matériel, procédés et produits des fabriques de matériaux réfractaires pour la métallurgie (briques, blocs, creusets, cornues, pisés, etc.).

Gazogènes et fours à gaz pour la métallurgie.

Modes d'application des combustibles liquides à la métallurgie.

Traitement des minerais de fer, de manganèse, de chrome. Matériel des usines à fonte : hauts fourneaux, souffleries, appareils de chauffage du vent, etc. Matériel des fonderies de fer : cubilots, souffleries et appareils divers. Fontes de fer brutes et fontes moulées. Ferro-manganèses et fontes de manganèse. Alliages à base de fer.

Matériel, procédés et produits de la fabrication des fers et aciers en lingots, en barres et en feuilles ou plaques finies, ainsi que des moulages d'acier. Fours de puddlage, de réchauffage, de fusion; marteaux, presses, laminoirs; dispositions générales et matériel pour le procédé Bessemer acide ou basique, pour la fusion des aciers sur sole ou au creuset. Procédés divers de fabrication directe des fers et aciers avec les minerais. d'affinage des fontes, de carburation des fers.

Matériel, procédés et produits de la fabrication des fers marchands, feuillards et rubans, verges de tréfilerie, fils de fer et d'acier, fers profilés spéciaux, plaques de blindage, tôles de commerce et de construction, tôles ondulées, essieux, bandages, roues, grosses pièces de forge, tubes à canons, projectiles, tubes soudés ou sans soudure.

Industries des tôles zinguées, plombées, nickelées, des fers-blancs (fers-blancs brillants, ternes,. moirés, décorés, imprimés; boîtes de conserves et de cirage).

Traitement des minerais de cuivre par voie sèche et par voie humide; matériel et procédés des usines à cuivre. Cuivre et alliages à base de cuivre en lingots, en barres, en feuilles.

Traitement des minerais de métaux divers; matériel et procédés d'obtention et de raffinage : fours de calcination, de grillage, de fusion, de distillation, de coupellation, etc.; appareils d'amalgamation et accessoires. Étain en saumons. Zinc en saumons et en feuilles, blanc de zinc. Plomb en saumons, en feuilles, en tubes. Mercure. Antimoine et ses oxydes. Nickel en lingots, battu, étiré ou laminé. Arsenic métallique. Aluminium et ses alliages. Métaux précieux ou rares. Alliages divers.

Matériel, procédés et produits de l'électrométallurgie pour l'obtention des métaux bruts.

Matériel et procédés du laveur de cendres d'orfèvre, de l'affineur de métaux précieux, etc.

CLASSE 64.

Petite métallurgie.

(Matériel, procédés et produits.)

I. Matériel et procédés de la fonderie en bronze, laiton, zinc, étain, fonte malléable, etc.

Outillage spécial non compris à la classe des Machines-Outils pour la forge, la maréchalerie, la boulonnerie, la visserie, la tréfilerie, la clouterie, la bouclerie, la chaînerie, la chaudronnerie, la tôlerie, la casserie, la ferblanterie, la taillanderie, la ferronnerie, la quincaillerie, la serrurerie, la petite construction métallique, etc.

Matériel et procédés pour l'émaillage des objets et pièces métalliques.

Matériel du laminage de précision et du battage de l'or, de l'argent, de l'étain; matériel du travail du platine.

Matériel et procédés (électrométallurgiques ou autres) pour revêtir les métaux d'une couche ou couverte d'un autre métal plus précieux, plus malléable ou plus résistant. Galvanoplastie.

II. Cloches et timbres; robinetterie et bronzes de construction mécanique.

Pièces de forge diverses. Objets de maréchalerie : fers à cheval, fers à bœuf, etc.

Boulons et écrous. Vis à bois et à métaux.

Produits de la tréfilerie et de la clouterie. Pointes, clous, béquets, épingles, aiguilles. Câbles métalliques. Ronces artificielles. Treillages, toiles et tissus métalliques. Produits de la tréfilerie de précision.

Produits de la bouclerie : boucles, agrafes, crochets, charnières.

Produits de la chaînerie. Chaînes sans soudure.

Chaudronnerie et ferblanterie de ménage.

Tôles embouties, estampées, découpées, décorées, perforées, etc.

Tôles et fontes émaillées de construction, de ménage et d'ornement.

Poterie de métal brute, polie, vernie, émaillée, granitée, doublée de porcelaine, etc.

Tubes et tuyaux étirés en fer, acier, cuivre, laiton, plomb, etc.

Capsules métalliques. Boutons. Œillets.

Plumes métalliques. Montures de lunettes. Ressorts.

Produits de la taillanderie : faux, faucilles, serpes, machètes ou sabres d'abatis, haches, hachettes, outils tranchants divers, limes, etc.

Poulies et moufles. Fers à repasser.

Ferrures de bâtiment : paumelles, espagnolettes, crémones, boutons de porte, marteaux et heurtoirs.

Serrures, cadenas, verrous, clefs; serrurerie de précision et de sûreté.

Coffres-forts et caves blindées ou chambres de sûreté.

Meubles et vases de jardin en fer ou en fonte.

Rampes d'escaliers; grilles et balcons en fer forgé et ouvré.

Lits de fer et ustensiles divers peints, émaillés ou vernis.

Pavillons et kiosques en fer ou en acier; volières; auvents; marquises et châssis.

Fermetures de magasins; volets, persiennes et jalousies en tôle; supports métalliques; etc.

Produits divers du laminage de précision et du battage de l'or, de l'argent, de l'étain; paillons; etc.

Produits divers de la dorure, de l'argenture, du cuivrage, du bronzage, du zingage, du nickelage, de la galvanoplastie.

Tôles zinguées ou plombées.

Plomberie de bâtiment et zinguerie.

DOUZIÈME GROUPE.

DÉCORATION ET MOBILIER DES ÉDIFICES PUBLICS ET DES HABITATIONS.

CLASSE 65.

Décoration fixe des édifices publics et des habitations.

I. Plans, dessins et modèles d'exécution de décoration fixe.

II. Charpenterie : plans en relief de charpentes, charpentes apparentes des voûtes, pans de bois, etc.

Menuiserie décorée : portes, fenêtres, panneaux, parquets, buffets d'orgue, stalles d'église, etc.

III. Décorations fixes en marbre, pierre, plâtre, carton-pâte, carton-pierre, etc.

Sculpture ornementale.

IV. Ferronnerie et serrurerie appliquées à la décoration fixe : grilles et portes en fonte ou en fer forgé; portes et balustrades en bronze. Décoration des toitures en plomb, cuivre, zinc : lucarnes, épis, poinçons, girouettes, crêtes et faîtages divers.

V. Peintures décoratives sur pierre, sur bois, sur métal, sur toile, sur enduits divers, etc.

VI. Mosaïques de pierre ou marbre en revêtement du sol; mosaïques d'émail pour les murs et les voûtes.

Applications diverses de la céramique à la décoration fixe des édifices publics et des habitations.

Classe 66.

Vitraux.

Vitraux pour édifices religieux, pour monuments civils et pour habitations.

Spécimens des divers genres de verre employés pour l'exécution des vitraux. Émaux spéciaux. Modèles d'armatures.

Classe 67.

Papiers peints.

(Matières premières, matériel, procédés et produits.)

I. Matières premières spéciales à la fabrication des papiers peints.

II. Matériel de l'impression du papier peint et du papier de fantaisie. Machines à graver les rouleaux d'impression. Planches plates en bois ou en cuivre, gravées à la main. Tire-lignes. Machines à vernir, à satiner, à calandrer, à gaufrer, à dorer, à velouter, à rouler et à couper.

Brosserie et draps spéciaux pour papiers peints.

III. Papiers foncés, imprimés. Papiers veloutés, marbrés, veinés, dorés, etc. Papiers pour cartonnages, reliures, etc. Papiers artistiques. Papiers émaillés et vernissés. Imitations de bois et de cuirs. Stores peints ou imprimés.

Classe 68.

Meubles à bon marché et meubles de luxe.

Buffets, bibliothèques, tables, lits, toilettes, sièges, billards, etc.

Classe 69.

Tapis, tapisseries et autres tissus d'ameublement.

(Matériel, procédés et produits.)

I. Matériel spécial de fabrication des tapis et tapisseries : métiers de haute lice, métiers de basse lice, etc. Procédés d'espoulinage.

II. Tapis, moquettes, tapisseries, épinglés ou veloutés. Tapis de feutre, nattes, etc.

Tissus d'ameublement en soie, laine, coton, lin, jute, ramie, unis, mélangés, brochés, imprimés, brodés. Tissus de crin, cuirs végétaux, moleskine, etc. Cuirs de tenture et d'ameublement. Toiles cirées, linoléums.

CLASSE 70.

Décoration mobile et ouvrages du tapissier.

Décoration pour fêtes publiques et privées, pour services religieux, etc.

Objets de literie, sièges garnis, baldaquins, rideaux, tentures d'étoffes et de tapisseries, cadres, glaces encadrées, etc.

CLASSE 71.

Céramique.

(Matières premières, matériel, procédés et produits.)

I. Matières premières, et notamment produits chimiques spéciaux à la céramique.

II. Matériel et procédés des fabriques de produits céramiques : machines à étirer, à comprimer et à façonner les produits céramiques; machines à fabriquer les briques, tuiles, tuyaux et poteries de bâtiment; fours, moufles et matériel de cuisson; appareils à préparer et à broyer les émaux, etc.

III. Porcelaines diverses.

Biscuits de porcelaine et de faïence.

Faïences à pâte blanche ou de couleur, à émaux translucides ou stannifères.

Faïences et terres cuites architecturales, carrelages, laves émaillées.

Grès cérames, grès artistiques.

Tuiles, briques, carreaux, tuyaux.

Produits réfractaires non compris dans les classes de la Métallurgie et du Chauffage.

Statuettes, groupes, ornements en terre cuite.

Émaux appliqués à la céramique.

Mosaïques d'argile ou d'émail.

Classe 72:

Cristaux, verrerie.

(Matières premières, matériel, procédés et produits.)

I. Matières premières, et notamment produits chimiques spéciaux à la verrerie.

II. Matériel et procédés des fabriques de verres et cristaux : matériel de préparation des matières premières; fours; appareils de soufflage; moules; tours à graver et à tailler; appareils de coupage; appareils de coulage; etc.

III. Verres à vitres blancs ou de couleur, cannelés, émaillés, etc. Verres pour la photographie. Verres bombés.

Glaces brutes ou polies. Glaces argentées. Glaces pour dallages. Miroirs à projections. Verres à reliefs.

Gobeletterie : verres et cristaux blancs ou de couleur, taillés ou gravés; verrerie et appareils en verre à l'usage des sciences.

Verrerie artistique.

Bouteilles.

Émaux; leurs applications sur verre.

Mosaïques de verre.

Pierres fines artificielles.

Verres de montre; verres à lunettes.

Verres d'optique.

Classe 73.

Appareils et procédés du chauffage et de la ventilation.

I. *Systèmes de chauffage et de ventilation.*

Chauffage par la vapeur, chauffage par l'eau chaude, chauffage par l'air chaud, et leurs combinaisons.

Procédés de distribution et de répartition de la vapeur, de l'eau chaude et de l'air, appliqués séparément ou conjointement.

Ventilation naturelle, ventilation par appel, ventilation par moyens mécaniques, et leurs combinaisons.

Plans et modèles d'édifices chauffés et ventilés : établissements publics, usines, habitations.

II. *Appareils.*

Foyers et générateurs spéciaux aux divers systèmes de chauffage.

Surfaces de transmission de la chaleur, de tous systèmes et de toutes dimensions. Poêles à vapeur ou à eau chaude. Batteries à vapeur ou à eau chaude. Tuyaux de chauffage. Calorifères à air chaud.

Ventilateurs et déplaceurs d'air. Cheminées d'appel. Procédés pour le renouvellement direct de l'air dans les locaux chauffés et ventilés.

III. *Appareils de chauffage domestique. Préparation et cuisson des aliments.*
Poêles et cheminées fixes ou mobiles.

Appareils de chauffage aux huiles minérales ou au gaz.

Cuisines à vapeur. Fourneaux de cuisine de tous systèmes. Fourneaux mixtes appliqués, à la fois, à la cuisson des aliments et au chauffage des habitations. Fourneaux spéciaux à certaines industries alimentaires. Fourneaux et appareils fixes ou mobiles employés à la préparation des aliments et des boissons pour de grandes agglomérations.

Ventilateurs actionnés par le vent ou par différence de température.

Assainissement et ventilation des cuisines et des petits logements.

IV. *Accessoires du chauffage et de la ventilation.*
Instruments de mesure et de contrôle : thermomètres; thermomètres scrutateurs à distance; pyromètres; anémomètres; manomètres pour la mesure des faibles pressions gazeuses et pour celle du niveau de l'eau dans les circulations; appareils pour la mesure du débit des conduites de vapeur; appareils enregistreurs de toute nature.

Appareils de réglage et de distribution : régulateurs de température; régulateurs de tirage; régulateurs de pression; purgeurs automatiques d'eau de condensation et d'air; robinetterie spéciale aux appareils de chauffage.

V. *Accessoires de la fumisterie.*
Rideaux de cheminées. Rétrécissements. Bouches de chaleur et de ventilation. Grilles et plaques. Enveloppes métalliques pour appareils de chauffage. Tôlerie spéciale. Mitres et fumivores.

VI. *Produits céramiques.*
Poêles et cheminées en faïence. Pièces décorées. Faïences de toute nature pour la fumisterie. Produits réfractaires pour foyers, calorifères, poêles et cheminées.

VII. *Matériel du chauffage.*
Articles de foyers. Allume-feux. Séparateurs de cendres. Outils de nettoyage et d'entretien.

Classe 74.

Appareils et procédés d'éclairage non électrique.

Éclairage à l'huile végétale ou à l'huile minérale (pétrole, schiste, huile lourde, huile lourde pulvérisée, essence) : lampes, brûleurs, mèches, cheminées, etc.; appareils pour éclairage domestique, pour éclairage industriel et pour éclairage public.

Éclairage au gaz : lampes, brûleurs, cheminées; becs à flamme plate, becs d'Argand, becs à récupération, à carburation, à incandescence; appareils pour éclairage domestique, pour éclairage industriel et pour éclairage public.

Accessoires de l'éclairage : allumoirs; verres, globes, abat-jour, réflecteurs, écrans, fumivores, etc.

TREIZIÈME GROUPE.

FILS, TISSUS, VÊTEMENTS.

Classe 75.

Matériel et procédés de la filature et de la corderie.

Machines et appareils servant à la préparation et à la filature des matières textiles.

Appareils et procédés pour les opérations complémentaires : bobinage, dévidage, retordage, moulinage; apprêts mécaniques.

Pièces détachées appartenant au matériel des filatures et machines spéciales servant à leur fabrication.

Appareils de titrage, d'épreuves et de contrôle; appareils de conditionnement.

Matériel des ateliers de corderie.

Classe 76.

Matériel et procédés de la fabrication des tissus.

Appareils destinés aux opérations préparatoires du tissage : machines à ourdir, à bobiner. Lisages.

Métiers ordinaires et mécaniques pour la fabrication des tissus unis. Métiers pour la fabrication des étoffes façonnées et brodées; battants-brocheurs.

Métiers à mailles pour la fabrication de la bonneterie. Matériel pour la fabrication de la dentelle et des tulles. Matériel des fabriques de passementerie.

Classe 77.

Matériel et procédés du blanchiment, de la teinture, de l'impression et de l'apprêt des matières textiles à leurs divers états.

I. Appareils à griller, à flamber, à brosser, à raser les tissus.

Appareils à lessiver, à dégorger, à laver, à essorer, à sécher, à humecter les diverses matières textiles, à l'état de mèches, de peignés, de fils, de tissus.

Appareils à cuire et à tamiser les épaississants et les couleurs.

Matériel de la gravure en relief ou en creux pour l'impression des tissus.

Machines à foularder, à teindre, à imprimer. Appareils à vaporiser.

Machines à apprêter de toutes sortes : machines à fouler, à lainer, rames; machines à calandrer, à glacer, à moirer, à gaufrer, à beetler. Machines à métrer, à plier, etc.

Matériel pour le traitement des soies teintes : machines à battre, à secouer, à cheviller, à lustrer, etc.

Étuves d'épaillage. Appareils de chinage. Appareils pour blanchir à l'électricité.

Matériel et procédés pour le blanchissage du linge : lessivage, lavage et rinçage, séchage, repassage et apprêts.

Industrie des teinturiers-dégraisseurs : nettoyage à sec par la benzine et ses dérivés; nettoyage au mouillé; teinture; apprêt.

II. Spécimens des matières textiles blanchies ou teintes avant filature.

Spécimens de fils de coton, lin, laine, soie, etc., purs ou mélangés, blanchis, teints ou chinés.

Spécimens de tissus blanchis, teints ou imprimés.

Spécimens de fils ou tissus apprêtés.

Spécimens d'épaillage chimique des matières textiles avant filature ou à l'état de tissus.

Classe 78.

Matériel et procédés de la couture et de la fabrication de l'habillement.

Outils ordinaires des industries s'occupant de couture.

Machines à couper les étoffes, les peaux, les cuirs.

Machines à coudre, à piquer, à surjeter, à broder, etc., les tissus. Machines à faire les boutonnières, à coudre les gants, les tresses de chapeaux de paille, les cuirs, les chaussures, etc.

Carreaux et fers à repasser.

Bustes et mannequins pour l'essayage.

Machines à préparer les pièces de chaussure détachées (estampage, cambrage, etc.). Machines à monter, à cheviller, à visser, à clouer, à déformer, etc., la chaussure.

Machines pour la fabrication des chapeaux de paille, de feutre, etc.

Classe 79.

Fils et tissus de coton[1].

Cotons préparés et filés.

Tissus de coton pur, tissus de coton mélangé, unis ou façonnés, écrus, teints ou imprimés.

Velours de coton.

Rubanerie de coton.

Couvertures.

Classe 80.

Fils et tissus de lin, de chanvre, etc. — Produits de la corderie.

Fils de lin, de chanvre, de jute, de ramie et d'autres fibres végétales.

Toiles unies et ouvrées. Coutils. Linge damassé. Batistes et linons. Mouchoirs unis et de fantaisie.

Tissus de lin ou de chanvre avec mélange de coton ou de soie.

Tissus de fibres végétales, autres que celles du coton, du lin, du chanvre, du jute et de la ramie.

Produits de la corderie : câbles, cordes, ficelles, etc.

---

[1] Cette classe et les trois suivantes comprennent indifféremment les fils écrus, blanchis ou teints, et les tissus écrus, blanchis, teints, imprimés, apprêtés.

CLASSE 81.

Fils et tissus de laine.

Laine peignée. Fils de laine peignée.

Laine cardée. Effilochés écrus ou teints. Fils de laine cardée.

Draps en laine peignée ou en laine cardée.

Tissus pour confections de dames.

Étoffes pour robes en laine peignée ou cardée, en laine mélangée de coton ou de soie.

Mousselines, cachemires d'Écosse, mérinos, satins de Chine, sergés, etc.

Tissus de laine cardée, non foulée ou légèrement foulée : flanelles, tartans, molletons, etc.

Étoffes tricotées en laine peignée ou cardée.

Châles de laine pure ou mélangée. Châles dits de Cachemire.

Rubans et galons de laine pure ou mélangée de coton ou de lin, de soie ou de bourre de soie.

Tissus de poils purs ou mélangés.

Couvertures.

Feutres de laine ou poils pour tapis, chapeaux, chaussures, etc.

CLASSE 82.

Soies et tissus de soie.

Soies grèges, soies moulinées, soies retorses.

Bourre et déchets de soie.

Fils de bourre ou de déchets de soie.

Soies artificielles.

Tissus de soie pure, tissus de bourre ou de déchets de soie, tissus de soie ou de bourre de soie avec mélange d'or, d'argent, de laine, de coton, de fil, etc., unis, façonnés ou brochés, écrus, teints ou imprimés.

Velours et peluches.

Rubans de soie ou de bourre de soie pure ou mélangée.

Châles de soie ou de bourre de soie pure ou mélangée.

CLASSE 83.

Dentelles, broderies et passementeries.

Dentelles faites à la main : dentelles, blondes et guipures aux fuseaux, à

IMPRIMERIE NATIONALE.

l'aiguille ou au crochet, en fils de lin, coton, soie, laine, or, argent, ou tous autres filaments.

Dentelles faites au métier mécanique : tulles unis, tulles brochés, imitations de dentelles, blondes et guipures, en fils de toute nature.

Broderies à la main : broderies à l'aiguille ou au crochet en fils de toute nature et sur toutes espèces de fonds (tissu, filet, tulle, peau, etc.), y compris les tapisseries au point sur canevas, ainsi que les broderies avec appliques découpées et mélange de pierreries, perles, jais, paillettes de métal ou autres, plumes, coquilles, etc.

Broderies faites au métier à broder mécanique, au couso-brodeur ou à l'aide de machines analogues, soit avec fond conservé, soit avec fond découpé ou brûlé.

Passementeries : galons, lacets ou tresses, franges, glands, appliques et ornements de toutes formes, exécutés soit à la main, soit au métier, pour modes et confections, vêtements civils ou religieux, uniformes militaires ou d'administration, ameublement, sellerie, carrosserie, etc.; filés et lamés métal, or et argent, vrais ou faux, paillettes, chenilles et tous articles spéciaux employés par la passementerie.

Chasublerie : ornements et lingerie d'église, nappes d'autel, bannières et autres objets du culte en tissus garnis de dentelles, broderies et passementeries.

Rideaux en dentelle, guipure, broderies sur tulle ou sur tissus ; stores, paravents, portières, lambrequins et tous objets de tenture ornés de dentelles, broderies et passementeries.

CLASSE 84.

Industries de la confection et de la couture pour hommes, femmes et enfants.

Vêtements sur mesure pour hommes et pour garçons : habits de ville; costumes de chasse et de cheval, culottes de peau, articles similaires; costumes appropriés aux exercices du corps; uniformes militaires et civils ; robes et costumes pour magistrats, membres du barreau, membres du corps enseignant, ecclésiastiques, etc.; livrées; costumes divers pour enfants.

Vêtements confectionnés pour hommes et pour garçons.

Vêtements sur mesure pour femmes et fillettes : robes, vestes, jaquettes, manteaux (industries du tailleur pour dames, du couturier, de la couturière, du fabricant de manteaux); amazones; costumes de sport.

Vêtements confectionnés pour femmes et pour fillettes. Modèles pour confection.

Classe 85.

Industries diverses du vêtement.

Chapellerie : chapeaux de feutre; chapeaux de laine; chapeaux de paille; chapeaux de soie; casquettes; fournitures pour chapellerie.

Fleurs artificielles pour la coiffure, pour la toilette et pour tous autres usages. Plumes. Modes. Cheveux.

Chemiserie et lingerie pour hommes, pour femmes et pour enfants. Bonneterie de coton, de laine, de soie et de bourre de soie, etc.; bonneterie tricotée. Cravates et cols-cravates.

Corsets et fournitures pour corsets.

Tissus élastiques, bretelles, jarretières et ceintures.

Ganterie.

Chaussures pour hommes, pour femmes et pour enfants : bottes, bottines, souliers, pantoufles, chaussons, galoches, semelles, accessoires, etc. Guêtres.

Cannes, fouets, cravaches, ombrelles, parasols, parapluies.

Boutons : boutons céramiques, boutons en métal, boutons de passementerie, boutons en nacre et coquillages divers, boutons en corozo, boutons en corne et en os, boutons en papier mâché, etc. Boucles, œillets.

Éventails; écrans à main.

QUATORZIÈME GROUPE.

INDUSTRIE CHIMIQUE.

Classe 86.

Arts chimiques et pharmacie.

(Matériel, procédés et produits.)

I. Ustensiles et appareils de laboratoire. Lampes d'émailleurs, chalumeaux, presses, étuves, filtres, fours électriques.

Appareils et instruments destinés aux essais industriels et commerciaux.

Matériel, appareils et procédés des fabriques de produits chimiques, de superphosphates, de savons, de bougies, de glycérine.

Appareils et procédés pour la fabrication électrolytique de l'eau oxygénée, du chlore, des hypochlorites, des chlorates, de la soude et de divers produits chimiques.

Matériel et procédés de la fabrication des essences végétales, des vernis, des caoutchoucs pour l'industrie, des succédanés du caoutchouc et des objets de gutta-percha.

Matériel et procédés du traitement des matières minérales utiles pour l'éclairage, le chauffage et le graissage : houille, schistes, pétrole, ozokérite, etc.

Matériel et procédés du traitement des eaux industrielles en vue de permettre leur rejet dans les cours d'eau (méthodes chimiques ou électriques).

Matériel des usines de carbonisation du bois en vase clos et de fabrication des produits dérivés : alcool méthylique, acétone, acide acétique, goudron.

Appareils et procédés pour la compression et la liquéfaction des gaz.

Appareils et procédés pour la fabrication des textiles artificiels.

Matériel et procédés de la fabrication des produits pharmaceutiques.

II. Acides, alcalis, sels de toutes sortes.

Soufres raffinés et dérivés du soufre.

Phosphore.

Eau oxygénée; ozone.

Sels marins et produits du traitement des eaux mères.

Produits divers des industries chimiques : cires et corps gras; savons, bougies et glycérine; résines, goudrons et corps dérivés; colles et gélatines, essences, vernis, enduits divers, encres d'imprimerie, cirages.

Caoutchouc pour industrie; gutta-percha.

Substances tinctoriales et couleurs.

Produits dérivés du traitement des matières minérales utilisées pour l'éclairage, le chauffage et le graissage. Pétroles raffinés, paraffine.

Produits de la carbonisation du bois en vase clos.

Alcools dénaturés pour les usages industriels.

Gaz liquéfiés.

Textiles artificiels.

Matières premières de la pharmacie; médicaments simples et composés.

Classe 87.

Fabrication du papier.

(Matières premières, matériel, procédés et produits.)

I. Collections de matières premières employées à la fabrication du papier et du carton.

II. Matériel et procédés de la fabrication du papier à la main.

Matériel et procédés de la fabrication mécanique du papier. Outillage et procédés de la fabrication des pâtes : pâtes de chiffon (triage, délissage et coupage; blutage; lavage; lessivage, rinçage et égouttage; défilage; blanchiment et lavage; raffinage, collage, coloration, charge; etc.); pâte de paille, pâte d'alfa (triage; écrasage, hachage; lessivage et lavage; broyage; blanchiment; lavage et égouttage; etc.); pâte mécanique de bois (râpage, épuration et séchage); pâte chimique de bois, pâte demi-chimique (division; lessivage; lavage; réduction en pulpe; blanchiment; etc.); etc.

Machines à papier continu.

Appareils à couper le papier. Lisses; calandres; frictionneuses.

Outillage et procédés pour la fabrication des papiers spéciaux.

Matériel et procédés de la fabrication du carton.

III. Papiers de luxe et à bon marché pour livres; papiers de Chine, du Japon, simili-japon, velin, papiers à la colle animale, etc. Papiers pour journaux, pour affiches. Papiers pour les arts graphiques, pour la photographie, pour la cartographie. Papiers pour la fabrication des billets de banque. Parchemins. Papiers pour les articles de papeterie; papiers à lettres, à enveloppes, etc. Papiers à cigarettes. Papiers de soie. Papiers pour confiserie, pour fleurs artificielles. Papiers d'emballage, à envelopper, à empaqueter; papiers cirés, papiers huilés. Papiers employés dans la construction des machines et engins mécaniques. Papiers servant aux usages de la pyrotechnie et à l'industrie des explosifs. Papiers pour la télégraphie. Papiers mâchés, comprimés, cartons-pâtes, imitations de laques. Papiers couchés. Papiers bitumés. Papiers parcheminés pour enveloppes et pour endosmose. Papier-filtre pour la fabrication de la bière, etc.

Cartons de toutes espèces.

CLASSE 88.

Cuirs et peaux.

(Matières premières, matériel, procédés et produits.)

I. Peaux en poil.

Tanins et extraits tanniques.

Matières premières diverses employées dans la préparation des cuirs et peaux.

II. Matériel et procédés de la tannerie, de la corroirie, de la mégisserie, de la chamoiserie, et, en général, des diverses préparations auxquelles sont soumis les cuirs et peaux.

III. Cuirs tannés. Cuirs tannés et corroyés. Cuirs vernis. Maroquins et cuirs maroquinés. Cuirs mégissés. Cuirs chamoisés. Cuirs parcheminés.

CLASSE 89.

Parfumerie.

(Matières premières, matériel, procédés et produits.)

I. Matières premières telles qu'essences, infusions de fleurs dans les corps gras, parfums concentrés obtenus par des dissolvants, eaux distillées, etc : matières premières de fabrication française; matières premières importées de l'étranger brutes ou préparées.

II. Matériel de fabrication : machines à concasser ou à pulvériser, appareils à infusion, presses, agitateurs à extraits, mélangeurs à pommades et à savon, broyeuses, peloteuses, récipients et appareils divers, etc.

III. Produits fabriqués : savons, eaux de toilette, huiles parfumées, pommades, essences parfumées, sachets, extraits et eaux de senteur, poudres parfumées; dentifrices; vinaigres de toilette; poudres à poudrer, fards; teintures pour les cheveux; etc.

CLASSE 90.

Manufactures de tabacs et d'allumettes chimiques.

(Matériel, procédés et produits.)

I. *Tabacs.*

Culture et matières premières.

Matériel de fabrication. Architecture industrielle.

Appareils de laboratoire.
Produits fabriqués.

II. *Allumettes chimiques.*
Matières premières.
Matériel de fabrication. Architecture industrielle.
Appareils de laboratoire.
Produits fabriqués.

QUINZIÈME GROUPE.

INDUSTRIES DIVERSES.

Classe 91.

Papeterie.

(Matériel, procédés et produits.)

I. Outillage spécial et procédés pour la fabrication ou la préparation des articles de papeterie, registres, cahiers, enveloppes, sacs, cartonnages, etc.

II. Papier et carton transformés : papiers réglés, bordés, façonnés; enveloppes, pochettes, sacs; cahiers d'écoliers, agendas, carnets, copies de lettres, registres, biblorhaptes, classeurs; cartes-menus, cartes à jouer, cartonnages, étuis; cahiers de papier à cigarettes; etc.

Articles de fournitures pour bureaux : encres, plumes, porte-plume, porte-crayons, cires et pains à cacheter, presse-papiers, encriers, etc.

Matériel des arts de la peinture, de l'architecture, de la sculpture et du dessin : toiles, panneaux, crayons, brosses, pinceaux; instruments pour architectes, aquafortistes, graveurs, sculpteurs; papiers et toiles à calquer; parchemins; couleurs, vernis, fusains, pastels, estompes, mannequins, chevalets; boîtes de couleurs et autres objets non dénommés à l'usage des artistes.

Classe 92.

Coutellerie.

(Matériel, procédés et produits.)

I. Matériel spécial de fabrication de la coutellerie, notamment matériel de l'émoulage et du polissage.

II. Coutellerie de table; coutellerie fermante et à lames fixes.

Coutellerie horticole, viticole et pour diverses industries.

Cisellerie, petits nécessaires.

Rasoirs en tous genres.

Quincaillerie fine en acier poli.

Petite orfèvrerie.

CLASSE 93.

Orfèvrerie.

(Matériel, procédés et produits.)

I. Matériel spécial de production : petit outillage; matériel pour la fonte des métaux; outillage mécanique (tours, balanciers, etc.); outillage de la galvanoplastie; etc. Procédés de travail.

II. Orfèvrerie religieuse ou civile : orfèvrerie d'or, d'argent, de bronze ou d'autres métaux; orfèvrerie plaquée; orfèvrerie dorée ou argentée par tous procédés.

Émaillerie : émaux d'orfèvres; émaux peints sur métal.

CLASSE 94.

Joaillerie et bijouterie.

(Matériel, procédés et produits.)

I. Matériel spécial de production. Procédés de travail.

II. Joaillerie fine.

Lapidairerie : taillerie du diamant; taillerie des pierres précieuses; gravure sur pierres fines; gravure sur camées durs et sur coquilles.

Bijouterie d'or; bijouterie d'exportation en or à bas titres. Bijouterie d'argent, de platine, d'aluminium, etc. Bijouterie ornée de pierres fines.

Lapidairerie d'imitation. Imitation des pierres fines, des perles, etc.

Bijouterie en doublé d'or; bijouterie d'imitation en cuivre et autres métaux; bijouterie d'acier; bijouterie de deuil en jayet et en verre; bijouterie en corail, en ambre, en nacre, etc.

CLASSE 95.

Horlogerie.

(Matériel, procédés et produits.)

I. Matériel spécial de fabrication de l'horlogerie : petit outillage; outillage mécanique (tours et autres machines-outils); appareils de mesure.

II. Préparation de métaux divers employés dans l'horlogerie.

Pièces détachées et fournitures d'horlogerie : ressorts; boîtes de montre en métal précieux ou en métal commun; trous et assortiments en rubis et autres; cadrans en émail et autres; etc.

Horlogerie monumentale.

Horloges astronomiques; chronomètres pour la marine.

Horlogerie électrique, à air, à eau.

Pendules et horloges; régulateurs; réveils.

Montres, chronomètres.

Métronomes; podomètres; compteurs divers.

Clepsydres et sabliers.

Carillons liés à un mouvement d'horlogerie.

CLASSE 96.

Bronze, fonte et ferronnerie d'art. — Métaux repoussés.

(Matériel, procédés et produits.)

I. Matériel spécial de fabrication : types de fonderies; modèles et moules; outillage de la ciselure et du travail des métaux repoussés; réduction mécanique, d'après le procédé Collas; etc.

II. Bronzes, fontes et ferronnerie d'art. (A l'exception des objets compris dans la classe 65.)

Zincs d'art.

Métaux repoussés, estampés, damasquinés.

CLASSE 97.

Brosserie, maroquinerie, tabletterie et vannerie.

(Matériel, procédés et produits.)

I. Matériel et procédés de la fabrication des objets de brosserie, de maroquinerie, de tabletterie et de vannerie.

II. Brosserie : brosserie de toilette, dite *brosserie fine;* brosserie de ménage, de sellerie, d'écurie, etc., dite *grosse brosserie;* brosserie pour artistes et pour bâtiment, dite *brosserie à peindre;* plumeaux.

Maroquinerie : trousses, sacs de voyage, gainerie; porte-monnaie, portefeuilles, serviettes, carnets, porte-cigares; petits meubles et objets de fantaisie en peau; fermoirs pour sacs et porte-monnaie.

Tabletterie : nécessaires et petits meubles de fantaisie; caves à liqueurs;

boîtes à gants; coffrets; objets tournés, guillochés, sculptés, gravés, de bois, d'ivoire, d'écaille, de nacre, etc.; pipes et objets pour fumeurs; tabatières; peignes de toilette et pour tous usages, en ivoire, écaille, corne, celluloïd, buis, etc.; objets divers de laque; petits bronzes.

Vannerie : corbeilles et paniers à usage journalier; vannerie de fantaisie pour confiseurs, pour appartement, pour voyage, etc. Objets de sparterie.

Classe 98.

Industrie du caoutchouc et de la gutta-percha.

(Matériel, procédés et produits.)

Objets de voyage et de campement.

I. Matériel et procédés de la fabrication des objets de caoutchouc et de gutta-percha.

II. Produits généraux de l'industrie du caoutchouc et de la gutta-percha.

Malles, valises, sacs, sacoches, nécessaires et trousses de voyage; caisses et boîtes pour emballage. Serrurerie et autres accessoires des malles, valises, etc. Coussins. Vêtements et chaussures imperméables. Bâtons ferrés; grappins; parasols. Objets divers à l'usage des voyageurs.

Matériel portatif spécialement destiné aux voyages et expéditions scientifiques; nécessaires et bagages du géologue, du minéralogiste, du naturaliste, du colon, du pionnier, etc.

Tentes et leurs accessoires. Lits, hamacs, sièges, pliants, autres objets de mobilier pour campement.

Classe 99.

Bimbeloterie.

I. Matériel et procédés de la fabrication des objets de bimbeloterie.

II. Jouets : poupées, bébés et accessoires; jouets en métal; ménages; montres d'enfants; jouets mécaniques, oiseaux chantants; armes et équipements pour enfants; instruments de musique; petits meubles; chevaux, animaux, voitures; jouets en caoutchouc, en baudruche, etc.; jouets scientifiques et jouets instructifs, etc.

Jeux pour enfants ou pour adultes : croquet, tonneaux, passe-boules, quilles, bagues, etc.

SEIZIÈME GROUPE.

ÉCONOMIE SOCIALE. — HYGIÈNE, ASSISTANCE PUBLIQUE.

CLASSE 100.

Apprentissage. Protection de l'enfance ouvrière.

Apprentissage dans l'atelier : régimes divers; contrats; rapports entre le patron et l'apprenti; méthodes d'apprentissage; résultats.

Enseignement technique donné aux enfants dans les écoles ou cours libres fondés soit par les chefs d'industrie, soit par les ouvriers.

Enseignement professionnel dans les orphelinats industriels ou agricoles, dans les ouvroirs, dans les écoles ménagères et dans les établissements similaires.

Protection de l'enfance ouvrière : législation sur le travail des enfants; sociétés de patronage.

CLASSE 101.

Rémunération du travail. Participation aux bénéfices.

Recrutement des ouvriers industriels ou agricoles.

Mode de fixation et taux des salaires : travail à la journée; travail à la tâche ou à la pièce; marchandage. Primes ou sursalaires; subventions en nature. Régime du travail. Encouragements au travail et à la durée des services. Payement des salaires. Contestations sur la fixation ou le règlement des salaires. Rapports entre les salaires et le prix du vivre.

Participation aux bénéfices : formes de la participation; proportion et bases de l'attribution d'une part de bénéfice aux employés et ouvriers; pouvoirs du patron pour la gestion de l'entreprise et pour le recrutement ou le congédiement du personnel; contrôle des comptes; mode d'emploi du produit de la participation; résultats matériels et moraux. Métayage.

CLASSE 102.

Grande et petite industrie. — Associations coopératives de production ou de crédit. — Syndicats professionnels.

Statistiques et documents relatifs à la concentration de l'industrie dans de grands établissements; petits ateliers; industries domestiques. Résultats comparés au point de vue matériel et au point de vue moral. Mortes-saisons et chômages. Alliance des travaux industriels et des travaux agricoles. Mode d'existence et budget de la famille ouvrière.

Associations coopératives ouvrières de production : mode de formation du capital; constitution de la gérance; répartition des bénéfices; rémunération des auxiliaires; avantages réservés par l'État, les départements ou les communes.

Associations coopératives de crédit : objet et forme des sociétés; constitution du capital; nombre et situation des associés; étendue de leur responsabilité; gestion; opérations; comptabilité; répartition des bénéfices; rapports avec les autres établissements de crédit; subsides de l'État; résultats matériels et moraux. Banques populaires.

Syndicats professionnels : syndicats de patrons, syndicats d'employés ou d'ouvriers, syndicats mixtes; législation; organisation et rôle des syndicats. Rapports entre les syndicats d'ouvriers, les patrons ou syndicats de patrons et les ouvriers non syndiqués. Grèves : leurs causes, leurs effets. Arbitrage obligatoire ou facultatif.

Classe 103.

Grande et petite culture. — Syndicats agricoles.
Crédit agricole.

Division de la propriété et de l'exploitation du sol. Mobilité de la propriété. Intervention de la loi dans la distribution, la disposition ou la transmission du sol. Particularités coutumières dans la constitution de la propriété ou de l'exploitation. Condition du personnel de la grande culture, de la moyenne culture et de la petite culture; condition du métayer; condition de l'ouvrier agricole. Mode d'existence et budget de la famille ouvrière.

Émigration des campagnes dans les villes et à l'étranger.

Syndicats agricoles; services rendus par ces syndicats pour l'achat des instruments de culture, des engrais, des semences, des animaux, pour la vulgarisation des bonnes méthodes de culture, pour la vente des produits, etc.

Crédit agricole; crédit hypothécaire; crédit réel sur gages, sur récoltes emmagasinées dans des entrepôts; crédit personnel. Banques de crédit foncier et de crédit agricole; associations de crédit mutuel; etc.

Classe 104.

Sécurité des ateliers. — Réglementation du travail.

Risques inhérents aux diverses professions industrielles. Statistique des accidents.

Responsabilité civile du patron en cas d'accident.

Assurances individuelles ou collectives au profit des ouvriers contre les accidents du travail : primes; retenues opérées d'office sur les salaires pour l'acquittement de ces primes; prélèvements opérés dans le même but sur les frais généraux ou les bénéfices; règlement des sinistres. Assurances obligatoires, assurances facultatives. Caisses d'État; sociétés d'assurances.

Assurances au profit des patrons contre leur responsabilité civile en cas d'accidents.

Législation sur la durée du travail.

Lois et règlements sur l'hygiène et la sécurité des travailleurs dans les établissements industriels.

Influence de ces lois et règlements sur la santé et la sécurité des travailleurs, sur leur rémunération, sur la condition de leur famille, sur le prix de revient des produits industriels.

Inspection du travail dans les manufactures et ateliers.

Classe 105.

Habitations ouvrières.

Plans et spécimens d'habitations salubres et à bon marché.

Maisons individuelles construites par les patrons, par des sociétés commerciales ou philanthropiques, par les ouvriers. Fourniture gratuite du logement; location à prix réduit; location avec amortissement pour conférer la propriété après un certain délai; prêts aux ouvriers qui construisent eux-mêmes; etc.

Maisons collectives.

Logements garnis pour ouvriers célibataires.

Concours de l'État, des communes, des caisses d'épargne, etc.

Résultats matériels et moraux.

Classe 106.

Sociétés coopératives de consommation.

Sociétés coopératives de consommation, et spécialement sociétés coopératives d'alimentation (boulangeries, boucheries, restaurants, fourneaux, etc.) : origine, objet et forme des sociétés; constitution du capital; nombre et situation des associés; gestion; achats; fabrication; vente aux seuls associés ou au public; vente au prix coûtant, au prix courant du gros, au prix courant du détail ou à un prix intermédiaire; conditions de payement; service des magasins; comptabilité; répartition des bénéfices; résultats matériels et moraux.

Économats institués par les patrons.

Régime des sociétés coopératives de consommation et des économats au point de vue des impôts.

Cas particulier des associations et des économats créés par les agents de chemins de fer ou à leur profit.

Concurrence avec le commerce local; ses effets.

Classe 107.

Institutions pour le développement intellectuel et moral des ouvriers.

Institutions d'enseignement créées par les patrons pour leurs ouvriers. Conférences. Sociétés d'enseignement mutuel. Bibliothèques. Musées, collections.

Cercles d'ouvriers : personnel; administration; régime financier; consommations et jeux; admission des familles de sociétaires et du public.

Sociétés de musique, de tir, de sport, etc., créées soit par les patrons, soit par les ouvriers. Institutions diverses de récréation.

Classe 108.

Institutions de prévoyance.

Épargne : caisses d'épargne nationales, postales, scolaires, etc.; caisses d'épargne placées sous la surveillance de l'État; sociétés d'épargne pour l'achat en commun de valeurs à lots; systèmes divers d'encouragement à l'épargne; systèmes pour la conservation provisoire ou le placement définitif de l'épargne individuelle ou collective des ouvriers et employés; constitution du patrimoine de l'ouvrier pendant son séjour à l'usine.

Sociétés de secours mutuels : législation; avantages réservés aux sociétés suivant leur situation légale; formation, organisation et administration; rapports avec d'autres institutions; secours en cas de maladie, soins et médicaments; secours en cas de chômage; secours à la vieillesse, pensions de retraite, assurances; secours en cas de décès; admission des femmes, secours à l'occasion de la naissance des enfants; recettes et dépenses. Tableaux statistiques des maladies.

Caisses de retraites : caisses d'État, de départements, de villes, etc.; caisses patronales; caisses instituées par les ouvriers ou employés. Versements obligatoires ou facultatifs des patrons et des ouvriers ou employés; prélèvements d'office sur les salaires. Conditions de jouissance et quotité des pensions. Réversibilité sur les veuves et sur les enfants.

Assurances sur la vie : en cas de décès, mixtes, à terme fixe, différées, par l'État, les syndicats ou les compagnies d'assurances. Primes payées par les patrons, par les ouvriers ou par des sociétés créées dans ce but. Tables de mortalité.

Institutions diverses de prévoyance. Secours donnés par les patrons, en cas de maladie ou de chômage.

Classe 109.
Initiative publique ou privée en vue du bien-être des citoyens.

Lois dites *moralisatrices* (assurance obligatoire, constitution obligatoire de pensions de retraite; repos hebdomadaire, etc.).

Lois et règlements édictés par les pouvoirs publics, institutions fondées ou subventionnées par eux dans le but de compléter l'initiative privée, de la régler, de se substituer à elle; intervention de ces pouvoirs dans le contrat d'échange et dans le contrat de travail; socialisme d'État, socialisme municipal. Réglementation du travail et des salaires; crédit et subventions aux ouvriers ou aux associations ouvrières; habitations économiques faites par les municipalités ou avec leur concours; intervention dans les conflits entre patrons et ouvriers, subsides aux grévistes; chantiers nationaux; construction et exploitation des voies de transport; distribution d'eau ou de lumière; taxe du pain, de la viande; boulangeries, boucheries et autres établissements du même genre créés et gérés par les communes; dispositions propres à favoriser ou à restreindre l'émigration ou l'immigration, etc.

Offices du travail : leur objet et leurs résultats.

Musées d'économie sociale.

Secrétariats ouvriers.

Bureaux de placement avec ou sans monopole; bourses du travail.

État social comparatif des nations.

Classe 110.

Hygiène.

I. *Science de l'hygiène.*

Historique. Exposé des progrès de l'hygiène.

Application des découvertes de M. Pasteur à la prophylaxie des maladies infectieuses. Laboratoires; chimie et bactériologie appliquées à l'hygiène. Recherches sur la transmissibilité des maladies infectieuses. Procédés et appareils de désinfection. Procédés de captage et d'amenée des eaux potables, destinés à en prévenir la contamination.

II. *Hygiène individuelle et hygiène des habitations.*

Mesures de précaution contre les maladies transmissibles. Immunité; vaccinations antivariolique, antirabique, etc. Application des règles de l'hygiène au choix des matériaux de construction, aux procédés de chauffage, de ventilation, d'aération, d'éclairement, d'éclairage. Usage de l'eau. Appareils balnéatoires et hydrothérapiques. Évacuation des matières usées.

III. *Hygiène dans les édifices publics et dans les établissements collectifs.*

Écoles; manufactures et ateliers; hôpitaux; asiles; refuges; salles de réunion; théâtres, etc.

IV. *Hygiène dans les communes rurales.*

Conditions indispensables à la salubrité des habitations rurales. Règlement municipal sanitaire. Police de la voirie; dépôt, enlèvement, transport, utilisation des fumiers. Protection des eaux d'alimentation.

V. *Hygiène et assainissement des villes.*

Voirie : propreté de la voie publique; écoulement des eaux; balayage; dimensions des maisons (hauteur; nombre et hauteur des étages; dimensions et aération des pièces habitées; dimensions des cours et courettes);

vidange des fosses d'aisances; travaux d'amenée d'eau dans les villes[1]; procédés de filtration et de stérilisation; évacuation des matières usées; désinfection des eaux d'égout, champs d'irrigation; utilisation des matières usées et des immondices des villes.

Services sanitaires municipaux : bureaux d'hygiène; procédés de défense collective contre les maladies transmissibles; transport des contagieux, isolement; désinfection des effets et des logements contaminés; inspection des substances alimentaires; tenue des abattoirs et des tueries particulières; laboratoires municipaux; cimetières, appareils crématoires.

VI. *Défense des frontières contre les maladies pestilentielles.*

Voies de terre : inspection médicale à la frontière; infirmeries et désinfection aux gares frontières.

Voie de mer : assainissement des ports; services sanitaires dans les ports, anciens lazarets, stations sanitaires; service médical et désinfection à bord des navires.

VII. *Denrées alimentaires et objets usuels.*

Contrôle des denrées alimentaires, recherche des falsifications; procédés de conservation des denrées alimentaires. Inspection des eaux minérales naturelles et artificielles. Objets usuels : progrès réalisés au point de vue de l'hygiène.

VIII. *Eaux minérales et sanatoria.*

Analyses des eaux minérales; procédés de captage[2] et appropriation des sources. Divers modes de médication par les eaux minérales et appareils destinés à les appliquer : piscines, salles d'inhalation, pulvérisation, etc.

Sanatoria, stations thermales : dispositions générales des lieux; orientation; promenoirs couverts.

Établissements thermaux : cabines, bains, douches; antisepsie préventive, notamment dans les stations fréquentées par les tuberculeux; procédés d'embouteillage et de conservation des eaux.

IX. *Statistiques sanitaires et législation.*

Morti-natalité. Relevé des causes de décès. Mortalité par maladies épidémiques. Législations sanitaires.

[1] Pour la partie technique, voir les classes 28 et 29.
[2] Pour la partie technique, voir la classe 62.

Classe 111.

Assistance publique.

I. *Généralités.*

Documents historiques : législation; organisation matérielle, etc.

Modes actuels d'assistance : par l'État; par les régions, provinces, départements, cantons, etc.; par les paroisses; par les communes; par des œuvres privées. Législation. Voies et moyens; régime financier.

II. *Protection et assistance de l'enfance.*

Organisation générale de la protection et de l'assistance de l'enfance.

Protection et assistance de l'enfant avant la naissance (par la protection et l'assistance de la mère) : asiles-ouvroirs; mutualité maternelle; maternités secrètes; maternités ordinaires; maisons de convalescence.

Protection et assistance de l'enfant après la naissance : crèches; institutions pour les enfants du premier âge, les enfants trouvés, les enfants abandonnés, les enfants moralement abandonnés, les orphelins.

Assistance des enfants malades ou infirmes : dispensaires, hôpitaux, hospices, etc.

III. *Assistance des adultes.*

Assistance des valides : assistance mutuelle; bureaux de bienfaisance; assistance par le travail; hospitalité de nuit; dépôts de mendicité.

Assistance des malades : assistance à domicile, médecine gratuite; hôpitaux (législation, organisation matérielle, services de médecine, services de chirurgie, services spéciaux des contagieux).

Assistance des vieillards : assistance familiale; asiles et fermes rurales; hospices.

IV. *Assistance des aliénés.*

Asiles publics et privés; quartiers d'hospice; maisons de santé.

Assistance dans des colonies agricoles.

Institutions spéciales pour les enfants idiots et les épileptiques. Moyens d'éducation.

V. *Assistance des aveugles.*

Assistance par l'instruction (écoles).

Assistance par le travail (ateliers d'aveugles).

VI. *Assistance des sourds-muets.*

Assistance par l'instruction (écoles).

Assistance par le travail (ateliers de sourds-muets).

VII. *Monts-de-piété.*

Législation et organisation matérielle.

VIII. *Personnel des établissements de bienfaisance. Écoles d'infirmiers et d'infirmières.*

DIX-SEPTIÈME GROUPE.

COLONISATION [1].

CLASSE 112.

Procédés de colonisation.

I. Monographies et statistiques politiques, administratives, industrielles, agricoles et commerciales.

Documents relatifs à la production, à l'importation, à l'exportation.

Organisation de la propriété. Moyens de transmission.

Emploi pour la colonisation de la main-d'œuvre indigène, de l'immigration, de la transportation.

Sociétés de propagande et d'encouragement pour la colonisation.

II. Enseignement indigène. Enseignement donné aux indigènes en vue de répandre parmi eux les connaissances des peuples civilisés et de faciliter les relations commerciales.

Enseignement donné dans les pays colonisateurs en vue de développer les affaires coloniales et d'assurer le fonctionnement des divers services.

Missions. Explorations. Collections commerciales et scientifiques rapportées par les voyageurs.

CLASSE 113.

Matériel colonial.

Matériaux et systèmes de construction spéciaux aux colonies.

Habitations des indigènes : palais; édifices publics ou religieux; bazars; cases; paillottes.

[1] Les objets figurant à ce groupe prendront place dans les pavillons spéciaux des colonies et pays de protectorat.

Constructions commerciales; factoreries.

Habitations des colons : pavillons; maisons; hôtels; sanatoria.

Constructions défensives.

Outillages divers et moyens de transport par terre et par eau spéciaux aux pays en voie de colonisation.

CLASSE 114.

Produits spéciaux destinés à l'exportation dans les colonies.

Types des marchandises spéciales à la consommation dans les pays à coloniser. Marchandises d'exportation, de traite et de troc.

Manutention et manipulation de ces marchandises. Procédés d'expédition.

Poids, mesures, monnaies en usage dans les colonies.

Documents sur les valeurs d'échange.

DIX-HUITIÈME GROUPE.

ARMÉES DE TERRE ET DE MER [1].

CLASSE 115.

Armement et matériel de l'artillerie.

Matériel et procédés des arsenaux et des fabriques d'armes de guerre.

Bouches à feu et projectiles de l'armée de terre.

Bouches à feu et projectiles de l'armée de mer.

Armes à feu.

Munitions et explosifs.

Poudres. Poudreries.

Armes blanches.

Matériel d'artillerie et matériel roulant de l'armée de terre.

Matériel d'artillerie et matériel roulant de l'armée de mer.

[1] La nomenclature de ce groupe est exclusivement établie au point de vue du groupement matériel. Un grand nombre d'objets qui y sont dénommés seront joints aux classes correspondantes pour les opérations du jury.

CLASSE 116.

Génie militaire et services y ressortissant.

Matériel du génie.

Construction des voies ferrées.

Études de tracés et construction de voies ferrées dans les colonies.

Casernement en France et aux colonies.

Électricité et applications de l'électricité.

Aérostation militaire.

Télégraphie et téléphonie.

Ponts.

CLASSE 117.

Génie maritime. — Travaux hydrauliques. — Torpilles.

Navires de guerre : coques et accessoires; appareils moteurs et évaporatoires; appareils auxiliaires; matériel d'armement.

Outillage et produits des arsenaux.

Applications de l'électricité.

Travaux hydrauliques.

Torpilles offensives ou défensives.

Écoles. Dessin. Photographie.

Sauvetage maritime.

CLASSE 118.

Cartographie, hydrographie, instruments divers.

Service géographique de l'armée : géodésie, topographie, cartographie et plans reliefs; instruments d'optique, instruments de précision; appareils de photographie; bibliographie militaire.

Service hydrographique de la marine : cartes; instruments scientifiques; instruments de navigation; bibliographie maritime.

CLASSE 119.

Services administratifs.

Habillement, équipement, couchage, campement et baraquement des troupes de la guerre, des équipages et des troupes de la marine.

Appareils et outils divers destinés aux services administratifs.

Alimentation : boulangeries de campagne; conserves alimentaires; appareils pour la conservation des substances alimentaires.

Instruments de musique.

Maréchalerie; harnachement des chevaux.

Pêches maritimes.

Classe 120.

Hygiène et matériel sanitaire.

Service de santé de l'armée de terre en temps de paix et en campagne. Matériel et procédés d'évacuation des blessés.

Service de santé de la marine. Matériel et procédés d'évacuation des blessés.

Sociétés de secours aux blessés.

Filtres et autres appareils d'épuration des eaux.

Paris, le 30 juillet 1894.

Le Commissaire général,

A. PICARD.

V

ANNEXE

ARRÊTÉS RÉGLANT LES ATTRIBUTIONS DES DIRECTIONS

ARRÊTÉS

RÉGLANT LES ATTRIBUTIONS DES DIRECTIONS.

1. Direction générale de l'exploitation.

Le Ministre du commerce, de l'industrie, des postes et des télégraphes,

Sur la proposition du Commissaire général de l'Exposition universelle de 1900,

Vu le décret du 9 septembre 1893, réglant l'organisation des services de l'Exposition,

Arrête :

Article 1er. Les attributions confiées à la Direction générale de l'exploitation de l'Exposition universelle de 1900 sous l'autorité et le contrôle du Commissaire général et dans les conditions fixées par le décret du 9 septembre 1893 sur l'organisation des services, ainsi que par le règlement général et les règlements spéciaux à intervenir, sont les suivantes :

Choix du personnel de l'exploitation.

Service de l'admission : formation des listes pour la constitution par arrêté ministériel des comités départementaux et des comités d'admission; correspondance avec les comités départementaux pour les questions relevant de la Direction générale de l'exploitation; direction du travail des comités d'admission; réception et instruction des demandes d'admission; délivrance des certificats d'admission.

Service des installations :

1° Comités d'installation. — Formation des listes pour la constitution de ces comités par arrêté ministériel; direction et contrôle de leurs opérations et de leurs travaux.

2° Installations générales à faire par l'Administration de l'Exposition : architecture; production de la vapeur et de la force motrice nécessaires aux exposants; distribution de l'eau, de la vapeur et de la force motrice en vue du fonctionnement des machines et appareils exposés; évacuation des eaux chaudes. — Rédaction des projets; préparation des adjudications et marchés; exécution des travaux et fournitures; enlèvement des installations après la clôture de l'Exposition.

3° Installations particulières des exposants (administrations publiques, administrations des colonies et des pays de protectorat, commissions étrangères, exposants individuels). — Décisions relatives à la distribution des espaces, dans la limite des répartitions générales entre les nations, les groupes et les classes, arrêtées par le Commissaire général; architecture et installations diverses.

4° Entrées, sorties, manutention. — Direction du service des entrées et sorties d'objets exposés. Service de la manutention : installation et fonctionnement des engins;

rapports avec les compagnies de chemins de fer et autres entreprises de transport; manœuvre des wagons, etc.

5° Décisions pour l'exonération des exposants ouvriers, dans la limite du crédit mis à la disposition de la Direction générale et suivant les conditions d'ouverture de ce crédit.

Mesures d'ordre, en ce qui concerne les objets exposés.

Service du gardiennage.

Contrats d'assurance qui seraient passés pour des objets exposés et dont les actes sont rédigés par la Direction des finances.

Visa des autorisations données par les exposants pour la reproduction des objets exposés.

Rédaction et publication du catalogue.

Service des expositions spéciales, des concours, des auditions musicales, des congrès.

Service des récompenses : formation des listes pour la constitution des jurys par décret; direction du travail des jurys; publication de la liste des récompenses; rédaction et délivrance des diplômes de récompenses et diplômes commémoratifs.

Concessions d'expositions payantes, dont les actes sont rédigés par la Direction des finances.

Propositions budgétaires. Règlement et comptabilité des dépenses imputables sur le budget de l'exploitation. Propositions pour le payement de ces dépenses. Décompte des sommes à recouvrer sur les exposants.

Instruction du contentieux de l'exploitation.

ART. 2. Le Commissaire général est chargé de l'exécution du présent arrêté.

Paris, le 12 avril 1894.

Le Ministre du Commerce, de l'Industrie,
des Postes et des Télégraphes,

J. MARTY.

Proposé par le Commissaire général.

Paris, le 11 avril 1894.

Signé : A. PICARD.

2. Direction des services d'architecture.

Le Ministre du commerce, de l'industrie, des postes et des télégraphes,

Sur la proposition du Commissaire général de l'Exposition universelle de 1900,

Vu le décret du 9 septembre 1893, réglant l'organisation des services de l'Exposition,

Arrête :

Article 1er. Les attributions confiées, sous l'autorité et le contrôle du Commissaire général, au Directeur des services d'architecture de l'Exposition de 1900 sont les suivantes :

Propositions relatives au personnel de la Direction des services d'architecture.

Mesures relatives au concours à ouvrir pour les dispositions générales de l'Exposition.

Rédaction et présentation des projets, devis et cahiers des charges générales ou particulières, pour les palais, pavillons et constructions diverses à élever par l'Administration de l'Exposition. Préparation des adjudications ou marchés. Exécution et réception des travaux. Entretien pendant l'Exposition. Démolition après la clôture.

Avis sur les projets de construction présentés par les administrations publiques, les administrations des colonies et pays de protectorat, les commissaires étrangers, les exposants particuliers et les concessionnaires ou permissionnaires. Surveillance et contrôle des travaux autorisés.

Propositions budgétaires. Règlement et comptabilité des dépenses imputables sur le budget de la Direction des services d'architecture. Propositions pour le payement de ces dépenses. Décompte des sommes à recouvrer sur les exposants.

Avis sur le contentieux des services d'architecture.

Art. 2. Le Commissaire général est chargé de l'exécution du présent arrêté.

Paris, le 12 avril 1894.

Le Ministre du Commerce, de l'Industrie,
des Postes et des Télégraphes,

Signé : **J. MARTY.**

Proposé par le Commissaire général.

Paris, le 11 avril 1894.

Signé : A. PICARD.

---

3. **Direction des services de la voirie, des parcs et jardins, de l'eau et de l'éclairage.**

Le Ministre du commerce, de l'industrie, des postes et des télégraphes,

Sur la proposition du Commissaire général de l'Exposition universelle de 1900,

Vu le décret du 9 septembre 1893, réglant l'organisation des services de l'Exposition,

Arrête :

Article 1er. Les attributions confiées, sous l'autorité et le contrôle du Commissaire général, au Directeur des services de la voirie, des parcs et jardins, de l'eau et de l'éclairage sont les suivantes :

Propositions relatives au personnel de la Direction des services de la voirie, des parcs et des jardins, de l'eau et de l'éclairage.

Rédaction et présentation des projets relatifs : 1° aux clôtures de l'Exposition ; 2° aux terrassements autres que ceux de fondation des palais et pavillons; 3° aux égouts; 4° aux voies de circulation en dehors des bâtiments (chaussées, ponts, passerelles, escaliers, etc.); 5° aux plantations, parcs et jardins; 6° à la distribution des eaux, y compris les installations pour le service de secours contre l'incendie dans les palais et pavillons, mais non compris les travaux réservés à la Direction générale de l'exploitation pour le service mécanique; 7° à la distribution du gaz et à l'éclairage électrique ou non électrique tant dans les bâtiments qu'à l'extérieur, non compris l'appareillage intérieur. Préparation des adjudications ou marchés. Exécution des travaux ou fournitures. Entretien pendant l'Exposition. Enlèvement des ouvrages provisoires et remise en état des lieux après la clôture.

Contrats pour la fourniture d'eau, de gaz et d'énergie électrique ou autre, aux abonnés dans l'enceinte de l'Exposition. Contrôle de ces fournitures.

Propositions pour l'établissement, l'entretien, l'exploitation et l'enlèvement des voies ferrées destinées au transport des matériaux de construction et des produits exposés. Préparation des marchés ou conventions, après entente avec la Direction générale de l'exploitation. Exécution ou surveillance des travaux.

Propositions relatives aux voies ferrées et autres installations pour le transport des visiteurs dans l'enceinte de l'Exposition. Préparation des concours, adjudications, actes de concession, etc. Contrôle des travaux et de l'exploitation.

Avis sur les projets de terrassements, de plantations et de jardinage présentés par les administrations publiques, les administrations des colonies ou pays de protectorat, les commissaires étrangers, les exposants particuliers et les concessionnaires ou permissionnaires. Surveillance et contrôle des travaux autorisés.

Propositions budgétaires. Règlement et comptabilité des dépenses imputables sur le budget de la Direction des services de la voirie, des parcs et jardins, de l'eau et de l'éclairage. Propositions pour le payement de ces dépenses. Décompte des recettes à percevoir pour fourniture d'eau, de gaz et d'énergie électrique ou autre.

Avis sur le contentieux des services de la Direction.

Art. 2. Le Commissaire général est chargé de l'exécution du présent arrêté.

Paris, le 12 avril 1894.

Le Ministre du Commerce, de l'Industrie, des Postes et des Télégraphes,

Signé : J. MARTY.

Proposé par le Commissaire général.

Paris, le 11 avril 1894.

Signé : A. PICARD.

4. Direction des finances.

Le Ministre du commerce, de l'industrie, des postes et des télégraphes,

Sur la proposition du Commissaire général de l'Exposition universelle de 1900,

Vu le décret du 9 septembre 1893, réglant l'organisation des services de l'Exposition,

ARRÊTE :

ARTICLE 1ᵉʳ. Les attributions confiées, sous l'autorité et le contrôle du Commissaire général, au Directeur des finances de l'Exposition universelle de 1900 sont les suivantes :

Propositions relatives au personnel de la Direction des finances.

Propositions relatives au régime financier et au budget de l'Exposition. Préparation des règlements de comptabilité. Rédaction des projets de loi et des projets de décret portant ouverture de crédits. Correspondance générale relative à la comptabilité. Comptes rendus financiers.

Propositions pour l'organisation et la réglementation du service des entrées. Direction de ce service. Délivrance des cartes d'exposants, cartes de service, cartes de presse et jetons de service, après autorisation par le Commissaire général. Statistique des entrées.

Avis, au point de vue financier, sur les contrats de fourniture d'eau, de gaz, d'énergie électrique ou autre, aux abonnés dans l'enceinte de l'Exposition. Préparation, après avis des services techniques, des actes de concession pour établissements de consommation, établissements de spectacle, expositions payantes. Recouvrement des produits de toute nature. Comptabilité des recettes.

Propositions relatives à la répartition et à la sous-répartition des crédits entre les services. Règlement des dépenses imputables sur le budget spécial de la Direction des finances. Contrôle des propositions de payement présentées par les autres services. Préparation et délivrance des mandats. Comptabilité générale des dépenses.

Payement, par la caisse, des indemnités, salaires et menues dépenses.

Acquisition, conservation et comptabilité du mobilier des bureaux. Chauffage et éclairage. Fournitures de bureau. Impressions.

Avis sur le contentieux des affaires relevant de la Direction des finances.

ART. 2. Le Commissaire général est chargé de l'exécution du présent arrêté.

Paris, le 12 avril 1894.

Le Ministre du Commerce, de l'Industrie,
des Postes et des Télégraphes,

Signé : J. MARTY.

Proposé par le Commissaire général.

Paris, le 11 avril 1894.

Signé : A. PICARD.

5. Secrétariat général.

LE MINISTRE DU COMMERCE, DE L'INDUSTRIE, DES POSTES ET DES TÉLÉGRAPHES,

Sur la proposition du Commissaire général de l'Exposition universelle de 1900,

Vu le décret du 9 septembre 1893, réglant l'organisation des services de l'Exposition,

ARRÊTE :

ARTICLE 1er. Les attributions confiées, sous l'autorité et le contrôle du Commissaire général, au Secrétaire général de l'Exposition universelle de 1900 sont les suivantes : Départ des dépêches et contreseing. Franchises postales et télégraphiques.

Conservation des lois, décrets, arrêtés ministériels, arrêtés et circulaires du Commissaire général. Délivrance des ampliations.

Affaires générales ne ressortissant spécialement à aucun service.

Centralisation des demandes d'emploi. Préparation des arrêtés ou décisions concernant la nomination des fonctionnaires et agents, la fixation des indemnités et salaires, les congés et les mesures disciplinaires; notifications.

Préparation des décrets ou arrêtés instituant les comités, commissions et jurys; notifications.

Organisation et fonctionnement du service médical.

Organisation du service de police; rapports avec les autorités préposées à la police municipale et à la sûreté. Maintien de l'ordre et de la libre circulation; répression de la vente illicite des objets exposés; surveillance des photographes; surveillance des vendeurs ou vendeuses de catalogues, etc.

Organisation et fonctionnement du service de secours contre l'incendie.

Insertions au *Journal officiel*. Service de la presse, d'après les instructions du Commissaire général.

Propositions relatives aux entrées de faveur. Exécution des décisions prises à cet égard.

Propositions budgétaires. Règlement et comptabilité des dépenses imputables sur le budget du secrétariat général et notamment des dépenses de personnel. Propositions pour le payement de ces dépenses.

Avis sur le contentieux des affaires relevant du Secrétariat général.

ART. 2. Le Commissaire général est chargé de l'exécution du présent arrêté.

Paris, le 12 avril 1894.

Le Ministre du Commerce, de l'Industrie,
des Postes et des Télégraphes,

Signé : J. MARTY.

Proposé par le Commissaire général :

Paris, le 11 avril 1894.

Signé : A. PICARD.

TABLE DES MATIÈRES.

www.ingramcontent.com/pod-product-compliance
Lightning Source LLC
Chambersburg PA
CBHW071837200326
41519CB00016B/4145